涂龙科　尹　琳　陈海锋 等 / 著

平安中国的司法指数研究
2019

A Research on the Judicial Index of Peaceful China Initiative

SHANGHAI ACADEMY OF SOCIAL SCIENCES PRESS

前　言

　　本书是叶必丰教授在担任上海社会科学院法学研究所所长期间，为打造学术精品，整合各学科最大公约数、团队协作而推动的大型科研项目。整个项目包括平安中国、法治政府、诚信社会三个部分，本书是其中之一——"平安中国的司法指数"的研究成果。

　　平安中国的司法指数的研究思路是，设计出用于表征平安的指标体系，再根据既定的指标体系从中国裁判文书网提取相应的数据，通过对获取数据的处理、分析，得出最终的结果。课题每期为时一年，本书是第二期的成果。第一期研究根据 2016 年的裁判数据进行，已经出版。本期是依据 2017 年的裁判数据进行的研究分析。每期研究从每年的三月份开始，中间经过指标设计、调整、优化，数据提取、优化，课题撰写，书稿讨论、修改到最终定稿，环节众多，基本上都需要大半年的时间。在所有的研究环节中，最基础也是最重要的环节是指标体系的设计和优化，既是研究开始的必要条件，也在根本上关系到研究逻辑的合理性和研究结果的科学性。尤其是在第一期研究中，叶必丰教授率领课题组全体成员，花费了大量时间反复讨论指标体系的设置和完善。有时为了一个指标的完善，反复讨论、修改甚至推倒重来；有时从上午开始讨论，一直持续到中午都未有定论，课题组就举行"学术午餐会"，边吃边讨论。其中，叶必丰教授展现出来的丰富学识、严谨态度和宽厚人品，让人钦佩不已。课题组其他老师和同学的积极参与、勤奋高效让我记忆深刻。

　　本书是课题组全体成员共同努力的成果，除已经署名的三位作者外，参与本书撰写的还有王艺超、陈超、袁慧、仲璇、吕雨桐、周兰曲、李萌 7 名同学。在课题研究过程中，参与数据提取的同学有：黄清泉、陈超、仲璇、吕雨桐、袁慧、周兰曲、李萌、柯润、姜楠、梁北川、邓国栋、陈姝航、陈凡。其中，黄清泉为课题的数据处理、分析，发挥了不可替代的作用。袁慧、陈超为课题研究的组织、协调付出了大量辛勤劳动。此外，杜文俊研究员、彭辉研究员为课题研究的顺利进行，提供了不可或缺的帮助和支持，在此一并致谢。

目　　录

第一章　研究框架与思路

第一节　"平安中国"概念的提出

"平安中国"概念的提出是一个发挥地方创新创造能力,从下到上,及时总结经验再逐步推广的过程。2001 年,山西省召开贯彻中央部署的社会治安工作会议,提出本省的工作目标是要"建设平安三晋"。这是"建设平安省"概念的首次出现。2003 年 9 月,中央综治委在江西省南昌市召开全国社会治安综合治理工作会议,对构建社会治安防控体系作出全面部署。在此次会议上,江西省介绍了在全省基层单位开展"平安建设"的经验,江苏省介绍了开展"平安江苏"建设的经验。时任中共中央政治局常委、中央政法委书记、中央综治委主任罗干同志,对"平安建设"的经验给予充分肯定,要求全国学习推广"平安建设"的经验。在中央综治委"南昌会议"推出平安建设的经验后,平安建设在我国城镇乡村迅速展开。

2004 年 1 月,中共山东省委、山东省人民政府作出《关于开展平安山东建设的决定》,并以省委、省政府的名义正式下发。这是全国第一个以省委、省政府的名义作出的关于开展平安省份建设的规范性文件。山东省委、省政府的《决定》得到了党中央、国务院的高度重视、充分肯定。2005 年夏季,中央综治委及时总结各地平安建设的经验,研究制定了中共中央政法委、中央社会治安综合治理委员会《关于深入开展平安建设的意见》,并由中共中央办公厅、国务院办公厅于 2005 年 10 月转发,对广泛深入开展平安建设提出了明确要求。至此,有关"平安中国"建设在中央层面得到确认,并开始在全国范围有计划实施推广。

党的十八大以来,习近平总书记对"平安中国"建设作出了一系列重要论述。2013 年 5 月,习近平总书记在工作指示中要求,把"平安中国"建设置于中国特色社会主义事业发展全局中来谋划。2013 年 11 月,党的十八届三中全会通过《关于全面深化改革若干重大问题的决定》,提出"全面推进平安中国建设"的目标。在党的十九大报告中,习近平总书记进一步对建设"平安中国"提出了具体要求,为我国的社会建设明确了方向和目标。

第二节 "平安中国"的内涵

一、"平安中国"的通常内涵

平安中国的通常内涵是指人们在通常意义上所理解和认识的"平安中国"。本课题把"平安中国"分为通常意义的"平安中国"和本课题语境下的"平安中国",两者的内涵不完全相同。通常意义上的"平安中国"的内涵是不断发展演变的。早期的平安中国是与地方省份进行平安建设的初衷一致的,主要围绕打击违法犯罪、加强社会治安管控、提升社会公众的安全感展开。随着"平安建设"的推进,"平安"的含义逐渐发生扩展,形成了"大平安"的概念。"平安建设"的工作范围从打击犯罪、维护稳定延伸到维护政治安全、经济安全、文化安全、生态安全等各个领域,工作着力点从打击、防范、管控拓展到服务、管理、建设等各个环节。"平安"的内涵变得更加丰富,安全生产、食品药品安全、环境治理、个人信息保护等各个领域,都跟"平安"息息相关。[1] 从以前的公共安全、社会治安扩展到社会保障、基层治理、社会环境等诸多方面,从而"平安中国"由综合治理工作的一部分,逐渐演变为与综合治理工作具有几乎等同的内涵。

二、本书语境下平安中国的内涵限定

与通常内涵的平安中国不同,本课题语境下的平安中国有特定的内涵:

(一)犯罪学视角下的社会治安水平评价

如前所述,"平安"可以是与违法犯罪相关的社会治安意义上的平安,也可以是社会保障、社会环境等公共管理相关的更广泛意义上的平安。本课题语

---

[1] 人民日报评论员:《努力建设更高水平的平安中国》,《人民日报》2019 年 1 月 18 日。

境下平安中国主要从事的是社会治安意义上的研究。影响社会治安的因素包括违法与犯罪。本课题选择从犯罪的发生与治理角度考察治安情况,进而确定平安建设的水平。即是说,本课题的平安中国,是从犯罪学角度出发对整个中国的社会治安水平进行评价。

(二) 基于裁判文书的评价,不包括公民个人的主观心理感受

平安既可以是社会公众的主观心理感受,即"安全感",也可以是客观评价。根据吴宗宪主编的《法律心理学大词典》,"安全感"一是指个人或群体在脱离危险处境、消除恐惧心理、身心不再受到威胁时所体验到的一种平安舒畅的感觉,二是指人们对消除违法犯罪分子造成的恐怖情境之后的身心健康有保障、家庭财产不受侵犯的良好的社会气氛的感受。

但是,作为本课题研究对象的"平安中国",是基于对客观数据的采集分析来评价不同地域的平安建设水平。具体而言,是以生效司法裁判文书为基础的,通过对各地已发刑事案件及司法过程情况的分析,衡量不同地方的平安状况。从法院生效判决的角度,通过提取法院刑事判决书的数据,进行逻辑分析,得出某地某时间段内的社会平安程度。

(三) 客观因素包括积极因素和消极因素两部分

作为本课题评价基础的客观因素,既包括正向反映平安建设情况良好的积极因素,如特定地方的案件侦破速度,如侦破速度越快,说明该地的平安情况越好,可以正向反映该地的平安建设情况。同时,也包括逆向体现平安建设情况堪忧的消极因素,如犯罪案件的发生数,案件发生越多,可能该地越不平安。通过积极因素与消极因素的双向说明,以更全面表征当地的平安建设情况。

第三节 研究思路设计

国内最早从社会治安角度开展的调查是从 1988 年开始的,公安部公共安全研究所就公众安全感进行了"公众安全感指标研究与评价"实证调查。1991年 5 月,公安部公共安全研究所在补充修改了原调查项目后,在全国范围内进行了第二次抽样调查。它的评价指标主要由五个方面组成:社会治安综合评价、执法公正情况评价、对公安工作的满意程度、敢于作证的比重、敢走夜路的

比重。①

"全国社会治安综合治理考评"始于 2004 年,是经中共中央的批准、由中央综治委组织实施的对各省区市的考核。这项考评主要考核群众安全感、严打整治、矛盾纠纷排查调处等多项指标,综合反映各省区市社会治安、平安建设工作的整体水平。根据中央政法委印发的《2018 年综治工作(平安建设)考核评价实施细则》,考评内容分为 69 项,囊括 45 个成员单位,涵盖许多行业、领域,涉及预防化解矛盾纠纷,开展扫黑除恶专项斗争、打击各类违法犯罪,维护公共安全、网络安全,开展综合治理和平安创建,开展平安建设宣传教育,落实综治工作领导责任制,以及群众参与和人民群众安全感满意度等诸多方面。

在借鉴之前已有的该领域研究的基础上,我们的课题研究思路主要围绕以下几个方面展开:

一、时间和空间

本研究的时间限定于 2017 年全年,地域为境内 31 个省、自治区和直辖市,数据提取过程中以省、自治区、直辖市为基本单位。

二、研究步骤

本研究一共分为五个步骤:(1)通过北大法宝公司,获取全国法院公开的特定范围的判决书;(2)研究可以反映、评价平安情况的指标体系,从而明确需要从判决书中获取的数据;(3)对照指标体系,通过机器和人工两种方式,从判决书中提取本次调查研究所需要的数据,并对数据进行统计;(4)通过 SPSS 数据处理系统对数据进行分析;(5)根据处理、分析的数据撰写研究报告。

三、研究数据

第一,原始数据。2017 年各直辖市基层人民法院以及全国各地中级人民法院以上判决的,用以反映当地平安情况的裁判文书。判决书的裁判主体包括中级人民法院和各省、市、自治区的高级人民法院以及直辖市的基层法院。

---

① 王智民、郭证:《我国公众安全感现状及其对比分析》,《社会学研究》1992 年第 3 期。

审级包括一审、二审和再审。通过北大法宝公司依据设定条件进行检索,共获得符合条件的判决书 15 437 份。具体的设定条件见下文的指标体系的要求。

第二,初步研究数据。初步数据是依据指标体系的要求,从判决书中提取的有待进一步分析的数据。出于比较研究的需要,我们将上一年度和本年度对相关问题进行了分析。上一年度课题从判决书中提取了七十余类数据,分别是:案号,案件审理省级行政区,是否取保候审,是否缓刑,是否有辩护人员参加,辩护人的产生方式,是否二审,二审提起主体,是否有辩护人,辩护人与一审是否发生变更,二审是否改判,文书链接,标题(案名),文书类型,审级(诉讼程序),案件类型,二级案由,三级案由,三级案由,放火罪,故意杀人罪,抢劫罪,强奸罪,故意伤害罪,走私、贩卖、运输、制造毒品罪,爆炸罪,投放危险物品罪,盗窃罪,抢夺罪,诈骗罪,交通肇事罪,危险驾驶罪,生产、销售伪劣商品罪,重大责任事故罪,拐卖妇女、儿童罪,非法吸收公共存款罪,扰乱公共秩序罪,非法拘禁罪,绑架罪,敲诈勒索罪,以危险方式损害公共安全罪,四级案由,法院层级,审理法院,裁判日期,发布日期,裁判日期数值,发布日期数值,攻方当事人名称,攻方代理人名称,攻方代理人类型(是否有律师),攻方律师所在律所,守方当事人名称,守方代理人名称,守方代理人类型(是否为律师),守方律师所在律所,第三方当事人名称,第三方代理人名称,第三方代理人类型(是否为律师),第三方律师所在律所,是否为指导案例、典型案例、公报案例,裁判文书字数,案件发生日期,嫌疑人被强制拘留日期,一审判决日期,是否支持辩护人意见,盗窃罪中是否为入户盗窃犯罪,诈骗罪中是否为电信诈骗,是否为外来人员作案,是否累犯,是否团伙作案,是否组织犯罪,是否流窜作案,是否改判,改判原因。

本年度提取数据的栏位发生重大调整,从去年的七十余项修改为以下各项,首先是数据覆盖的犯罪类型为放火罪,故意杀人罪,抢劫罪,强奸罪,故意伤害致人重伤或死亡,爆炸罪,绑架罪,投毒罪,入户盗窃犯罪(注意不是独立罪名),电信诈骗(注意不是独立罪名),交通肇事罪,组织、领导、参加恐怖组织罪,组织、领导、参加黑社会性质组织罪,聚众斗殴罪,寻衅滋事罪,刑法第六章第七节走私、贩卖、运输、制造毒品罪案件数,刑法第六章第八节组织、强迫、引诱、容留、介绍卖淫罪案件数,赌博罪,开设赌场罪,后增加了侵犯著作权罪、受贿罪;其次,从单个案件提取案号、案件发生日期、案件审理省级行政区、是否取保候审、是否缓刑、辩护人的产生方式、检察院提起公诉日期、一审判决日期、是否二审、二审提起主体、是否有辩护人、辩护人与一审是否发生变更、二审是否改判、文书类型、审级(诉讼程序)、是否团伙作案、是否组织犯罪、是否流窜作案;最后,从单个被告人角度提取嫌疑人被强制拘留日期、是否支持辩护人意见、是否为外来人员作案(跨省市自治区)、是否累犯、是否团伙作案、是否组织犯罪、是否流窜作案、是否改判、改判原因、被告人年龄是否低于 25 岁、被告人年龄是否低于 18 岁,后来增加是否有正当职业、判处的刑期、是否判处罚金、罚金的金额。

四、指标体系

指标体系是依据一定的逻辑形成的、用以反映某地平安情况的所有指标的总体框架。指标体系是联系提取数据与最终平安评价之间的逻辑桥梁,决定了据此提取的数据能否或者在多大程度上反映出当地的平安情况。因此,指标体系是本课题研究的核心与关键所在。

表 1-3-1　　　　2016 年度"平安中国"司法指数指标体系

平安中国	严重犯罪案件发生指数	八大类严重犯罪
		故意伤害罪
		抢劫罪
	常见多发案件发生指数	入户盗窃犯罪
		电信诈骗
		交通肇事
	案件情节危害指数	外来人口犯罪
		累犯
		团伙犯罪
	犯罪管控治理指数	案件侦破速度
		二审改判
		律师参与率
		律师辩解支持率

为了使指标体系更加科学,根据上一年度的研究经验,本年度研究建立在上一年度平安中国指标体系的基础上,并对此进行了大幅修正。在指标设计上,二级指标与上一年度相同,仍然包括严重犯罪发生指数、常见案件发生指数、案件情节危害指数、犯罪管控治理指数四类,在三级指标上有显著变化。严重犯罪发生指数增加了组织、领导、参加恐怖组织罪;组织、领导、参加黑社会性质组织罪;走私、贩卖、运输、制造毒品罪;组织、强迫、引诱、容留、介绍卖淫罪四个罪名,并将故意伤害罪限定为故意伤害致人重伤或死亡的情形。常

见案件发生指数增设了聚众斗殴罪、寻衅滋事罪、赌博罪、开设赌场罪四个罪名。案件情节危害指数部分增加了未成年人犯罪、年龄低于 25 岁、犯罪宣告刑人均刑期等三种案件情节。犯罪管控治理指数新增了受贿罪取保候审率一个指标。

　　经过调整，今年的指标体系设计如下表所示：

表 1 - 3 - 2 　　　　　2017 年度"平安中国"司法指数指标体系

平安中国	严重犯罪发生指数	八大类严重犯罪
		故意伤害致人重伤或死亡
		抢劫罪
		组织、领导、参加恐怖组织罪
		组织、领导、参加黑社会性质组织罪
		走私、贩卖、运输、制造毒品罪
		组织、强迫、引诱、容留、介绍卖淫罪
	常见案件发生指数	电信诈骗
		交通肇事
		入户盗窃犯罪
		聚众斗殴罪
		寻衅滋事罪
		赌博罪
		开设赌场罪
	案件情节危害指数	外来人口犯罪
		累犯
		团伙犯罪
		未成年人犯罪
		年龄低于 25 周岁
		犯罪宣告刑人均刑期
	犯罪管控治理指数	受贿罪取保候审率
		案件侦破
		二审改判
		律师参与率
		律师支持辩解支持率

五、数据采集方法

　　数据采集方法有两种，其一是通过理脉公司（Legal Miner）用电脑编程的方式统一采集格式化数据。对于一些可以用逻辑概括的数据,如案号、文书类型、审理法院等,可以由电脑采集。其二是通过人工审看判决书的方式提取数据。有些数据无法用电脑统一采集,只能通过人工方式收集相关数据,如是否改判、改判理由,等等。

六、相关性分析工具

本课题研究采用相关性分析的工具为 Pearson 相关系数,用来衡量两个数据集合是否重合于在一条线上面,即衡量定距变量间的线性关系。相关系数的绝对值越大,相关性越强;相关系数越接近于 1 或 −1,相关度越强,相关系数越接近于 0,相关度越弱。通常情况下通过以下取值范围判断变量的相关强度:相关系数为 0.8—1.0 表示极强相关;相关系数为 0.6—0.8 表示强相关;相关系数为 0.4—0.6 表示中等程度相关;相关系数为 0.2—0.4 表示弱相关;相关系数为 0.0—0.2 表示极弱相关或无相关。[①]

七、本研究的局限性

第一,数据的种类直接受制于判决书记载的内容,如果判决书没有记载的数据,完全无法采集。在实践中,判决书记载的内容并不规范,有的判决书对有些内容不加以记载。如对被告人的户籍地,有的判决书记载,有的则不记载。如不记载,对于该项数据,就无法采集。

第二,由于研究对象的特殊性,数据收集是由数据录入员根据案件情况自己填写的。课题组针对判决书中可能会出现的各种表述明确了判断标准,对录入人员进行了培训,但也不能完全避免录入人员对案件内容表述的判断不一致,从而导致录入数据的误差。

第三,对于缺失的数据(比如有不少案件对被告人的户籍甚至年龄等没有记载完整),SPSS 软件本来是有自己的处理方式,但是由于分析对象以及数据收集的特殊性而无法使用,只能放弃。

[①] "Pearson 相关系数",详见 https://zh. wikipedia. org/wiki/,访问于 2018 年 3 月 21 日。

第二章　严重犯罪案件发生指数

第一节　数据选取说明

严重犯罪案件发生指数是指全国各地严重犯罪案件发生情况的统计指数。在研究过程中,课题组选取了八种严重犯罪和四种比较高危险性的刑事犯罪罪名加以考察,以数据来分析和比较不同地方的平安状况。

八种严重犯罪都是严重侵犯他人人身安全、财产安全的,包括故意杀人、故意伤害致人重伤或者死亡、强奸、抢劫、贩卖毒品、放火、爆炸、投毒罪。选择八种严重犯罪作为本研究课题的首选维度来评价、衡量平安状况,主要基于以下几点考虑:

第一,这八种犯罪严重影响群众安全感。"平安中国"的建设,归根结底是建设一个民众能够拥有安全感的社会,具体体现在:人的身体没有受到伤害、人的心理没有受到损害、人的财产没有受到侵害、人的社会关系没有受到迫害、人的生存环境没有发生灾害。这八种严重犯罪对被害人的身心或者财产造成严重打击甚至摧毁,严重影响群众主观安全感和社会整体平安水平。

第二,以严重犯罪案发情况来评价公众平安感是世界各国的通行做法。自从 20 世纪 60 年代美国首先建立社会指标以来,国际社会上关于社会发展方面各种指标体系层出不穷。目前国外的社会发展指标体系研究成果主要包括:美国斯坦福大学社会学教授英克尔斯提出的"现代化指标体系"、联合国开发计划署(UNDP)推出的"人类发展指数"(HDI)、世界银行的"世界发展指标"(WDI)、美国社会卫生组织提出的"综合评价指标体系"(ASHA)、美国海外开发署提出的"生活质量指数方法"(PQLI),还有国家财富新标准、生活质量指数、痛苦指数等。其中关于民众安全感的评价指标就包括故意杀人、抢劫、强奸、放火等暴力犯罪以及危害公共安全犯罪。

第三,《刑法》的特别规定反映了该八种犯罪的突出社会危害性。我国《刑法》第17条规定:"已满十四周岁不满十六周岁的人,犯故意杀人、故意伤害致人重伤或者死亡、强奸、抢劫、贩卖毒品、防火、爆炸、投毒罪的,应当负刑事责任。"依据该规定,十四周岁到十六周岁的限制刑事责任能力人犯八种严重犯罪的,要追究其刑事责任,表明该八种犯罪的社会危险性比其他犯罪更加严重。

除上述八种重罪的整体分析之外,课题组对抢劫罪和故意伤害罪进行了具体单个罪名的单项分析。这两种犯罪在八种严重犯罪中较为常见和多发,且对民众的安全感有着较大的影响。抢劫罪是一项侵害复合法益的严重犯罪,既侵犯了被害人的人身权利,也侵犯了其财产权利,极大地影响当地民众的平安感。故意伤害罪以被害人的人身权利为直接犯罪对象,直接影响了民众的安全感。

四种高危犯罪指的是:走私、贩卖、运输、制造毒品罪,组织、强迫、引诱、容留、介绍卖淫罪,组织、领导、参加黑社会组织罪,组织领导参加恐怖组织罪。这四种犯罪涉及人员众多,社会危害性影响更广更深远。如组织、领导、参加黑社会性质组织罪所涉及的人员比其他刑事犯罪更为广泛,对当地治安影响更大且持续性强,会严重影响当地的居民的平安感。走私、贩卖、运输、制造毒品罪为代表的毒品犯罪不仅影响广泛,且对社会的危害更为深远,由于毒品而导致家破人亡的情况时有发生,一旦与毒品产生联系,就难以摆脱毒品的控制,从而越陷越深。并且在走私、贩卖、运输、制造毒品的过程中,还会同时进行其他种类的犯罪,如妨害公务罪,非法持有枪支罪,武装掩护走私、抗拒缉私罪,偷越国边境罪等,还有一些国家工作人员为贩毒分子提供庇护,导致引发受贿罪、徇私枉法罪等职务犯罪,危害巨大。组织、领导恐怖组织罪危险性相对更大,一旦恐怖组织发动恐怖袭击,对社会治安的影响是毁灭性的,且恐怖组织发动袭击前会进行周密计划,侦查难度较高,难以预防,一旦发生难以控制,对广大居民的生命安全有着重大的威胁。恐怖主义犯罪的动机与其他类型犯罪不同,一旦进行犯罪,其不良影响和社会危害性极其严重和深远,也会导致广大居民丧失安全感。组织、强迫、引诱、容留、介绍卖淫罪虽然危害性在表面上没有其他三个罪名高,但是社会影响深远,且会引发其他类型的犯罪。组织、强迫、引诱、容留、介绍卖淫的犯罪一般会引发绑架罪、拐卖妇女儿童罪、强奸罪等犯罪,严重影响当地女性的人身安全和社会风气。所以,本研究将这四项罪名单独进行了统计和分析,更能反映一个地区的平安程度和居民的安全感。

第二节　严重犯罪发生的总体情况

一、严重犯罪发案总数分析

2017 年全国中级及以上人民法院判决的严重犯罪案件数量共计 8 738 件,平均每个省级行政区约有 281.87 件。从图 2-2-1 中我们可以看出,案件数量最多的三个省级行政区分别为云南、广东和四川,数量分别为 1 874 件、734 件和 526 件。天津市作为案件数量最少的省份,数量为 9 件。结合其他相关数据,截至 2017 年,天津市的常住人口为 1 557 万人,人口密度为每平方公里 3 276 人,八大重罪案件每百万人的案件数为 5.8 件,说明天津市在严重犯罪治理方面效果较佳。另外上海、西藏与海南排在榜单末尾,数量分别为 18 件、18 件以及 52 件。上海市作为人口密度最大的省级行政区之一,案件总量仅有 18 件。与上海案件数相近的海南、宁夏、西藏等人口密度远远低于上海。可见,上海在严重犯罪的预防和治理工作方面卓有成效。

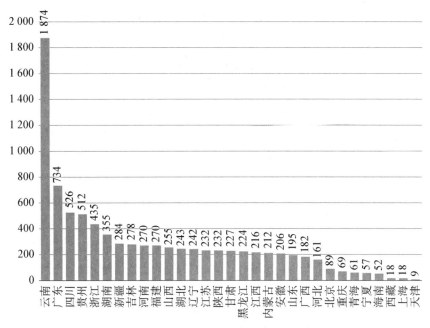

图 2-2-1　各省级行政区严重犯罪发案件数柱状图

二、每百万人严重犯罪发案率排名及分析

由于各省级行政区人口密度各有不同,差异较大,如人口密度较高的上海市城市人口密度为3 814人/平方公里,人口密度较低的青海省城市人口密度为2 777人/平方公里。[①] 相较于犯罪的绝对总数的简单排名,将人口密度因素纳入考量范围,则是更能体现各地区平安情况的一个更为科学的指标。在案件总数排名靠前的情况下,若每百万人口案件发生数也靠前,则毫无疑问平安度相应靠后,反之亦然。

如图2-2-2所示,各地百万人口案件发生数差异显著。青海在图2-2-1中排名倒数第六位,但在图2-2-2中意外排名在第五位。原因在于青海常住人口仅为598万人,不足人口第一大省广东省的百分之六(广东省常住人口数量为11 169万人)。青海严重犯罪案件只有61件,但均分到每百万人口之上却是较大的数字。宁夏的情况与青海比较类似。宁夏回族自治区常住人口的数量仅为682万人,面积较广,人口稀少,导致每百万人口的平均发案率较高。除了青海和宁夏之外,排名前三位的分别为:云南、贵州和新疆;排名后三位的分别为:山东、上海与天津。图2-2-1中排名第二的广东由于人口众多,在图2-2-2中排名第12位;图2-2-1中排名第三的四川在图2-2-2中排名第13位。

为了进一步比较,我们列出表2-2-1中的名次差对两项排名进行对比。名次差为每百万人口发生数排名减去案件总数排名的结果,名次差为正代表实际每百万人口发生数少,为负则代表每百万人口发生数越多,绝对数值越大代表受该地区人口数量影响越大。结果绝对值大于10的地区有:广东(10)、四川(10)、湖南(13)、河南(17)、江苏(11)、甘肃(-10)、内蒙古(-12)、青海(-21)、宁夏(-19)、海南(-12)、西藏(-11)。在这几个省级行政区中,绝对值为正值的地区多为案件数量大、人口众多但平均每百万人口的案件发生率并不高,一定程度上反映出这些地区案件数量排名靠前主要是人口基数庞大,可能地区社会治安并不差;反之,绝对值为负数的地区,虽然案件总数排名不高,但是由于人口总数少,平均到每百万人口的案件发生率反而较高。我们从

[①] 2017年全国31省市城市人口密度排名,见 https://www.sohu.com/a/275489260_642249,访问于 2020年2月10日。

表2-2-1中可以发现,人口基数庞大的几个人口大省和地广人稀的几个边远地区省级行政区排名的差值是最大的,这也直接地体现了人口密度对于平安程度的评价有着非常重要的影响。将人口密度和每百万人口的案件发生率纳入到平安中国的评价体系中会使结果更具有参考价值。

　　综上,每百万人口案件发生率较高且案件总数较多的省级行政区平安程度较差,如云南、贵州等地;而每百万人口案件发生率较低且案件总数较少的省级行政区平安程度较好,如天津、上海等地区。

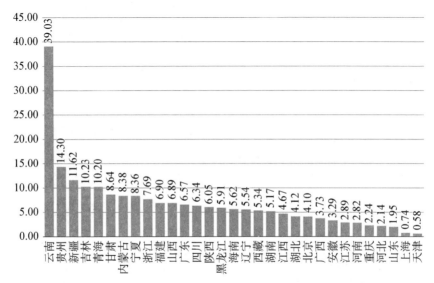

图2-2-2　各省级行政区每百万人口平均重罪发案件数柱状图

表2-2-1　各省级行政区案件总数排名与每百万人口发案数排名对比

省/自治区/直辖市	案件总数排名	每百万人口发生数排名	名次差	省/自治区/直辖市	案件总数排名	每百万人口发生数排名	名次差
云南	1	1	0	新疆	7	3	−4
广东	2	12	10	吉林	8	4	−4
四川	3	13	10	河南	9	26	17
贵州	4	2	−2	福建	10	10	0
浙江	5	9	4	山西	11	11	0
湖南	6	19	13	湖北	12	21	9

续表

省/自治区/直辖市	案件总数排名	每百万人口发生数排名	名次差	省/自治区/直辖市	案件总数排名	每百万人口发生数排名	名次差
辽宁	13	17	3	河北	23	28	5
江苏	14	25	11	北京	24	22	−2
陕西	15	14	−1	重庆	25	27	2
甘肃	16	6	−10	青海	26	5	−21
黑龙江	17	15	−2	宁夏	27	8	−19
江西	18	20	2	海南	28	16	−12
内蒙古	19	7	−12	西藏	29	18	−11
安徽	20	24	4	上海	30	30	0
山东	21	29	8	天津	31	31	0
广西	22	23	1				

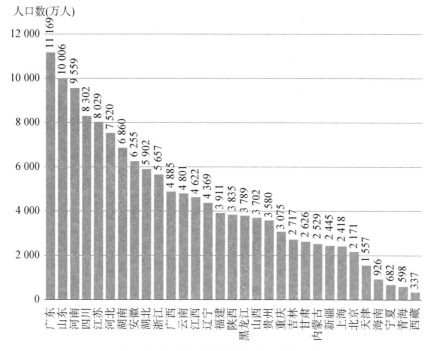

图2-2-3 各省级行政区人口数柱状图

三、严重犯罪发案情况的年度比较

第一，从八大类严重犯罪案件数量上来看，与上年度相比，2017年增长较为显著。根据统计，2016年全国中级及以上人民法院判决的严重犯罪案件数量共计3 634件，平均每个省级行政区约有117.23件；2017年全国中级及以上人民法院判决的严重犯罪案件数量共计8 738件，平均每个省级行政区约有281.87件。2017年与2016年相比，八大类严重犯罪案件数量以及平均每个省级行政区的案件数量都有所增加，并且增幅高达140%。从犯罪总量数据比较分析可以看到，我国八大类严重犯罪案件发生数量越来越多，且增长趋势明显，说明我国现如今亟须对八大类严重犯罪进行整治。同时，八大类严重犯罪案件数量最多的三个省级行政区也由去年的广东、云南和安徽改变为云南、广东和四川，但广东和云南仍属前列。

第二，从每百万人严重犯罪发生率来看，虽然大部分省份排名没有太大的变化，但是有少数省份的发生率上较去年有重大变化。例如云南省的每百万人口平均重罪案件数由2016年的6.00件增长为今年的39.03件，增幅为550.5%，贵州省的每百万人口平均重罪案件数由2016年的3.85件增长为2017年的14.30件，增幅为271.4%，增幅如此之大，不得不引起重视，同时也反映出我国部分省级行政区对八大类严重犯罪的整治效果不好，未能达到理想的效果。

第三节 抢劫罪发生指数

一、抢劫罪发案总数排名及分析

2017年全国共发生抢劫罪1 101件，平均每个省级行政区35.52件。如图2-3-1所示，案件数最多的三个省级行政区分别是广东、福建和河南省，分别为120件、71件和65件，广东和福建的发案数差距明显。案件数排名靠后的省级行政区分别是上海、西藏和天津，分别为上海4件，西藏为2件，天津为1件。上海作为人口密度最大的省级行政区之一，抢劫案件数量较少，体现了良好的社会治安状况。抢劫罪在全国的发案数总体上相对均衡，相较其他省

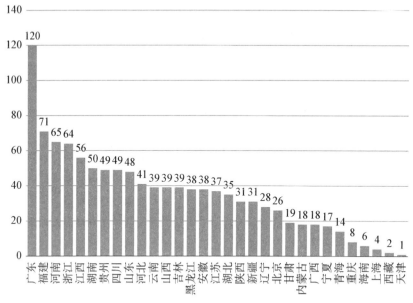

图 2-3-1 各省级行政区抢劫罪发案数柱状图

级行政区的案件数量,广东作为沿海经济发达省市案件数量畸高,说明关于严重犯罪的管控与治理存在较为不稳定的社会隐患。西南地区和中部地区的抢劫罪数比起东北地区、华北地区和华东地区也相对较多。华东地区整体呈现出较为安全的样态。海南、西藏和青海作为不发达地区,与上海和天津发达地区的抢劫罪犯案率极其相近。

二、抢劫罪每百万人口发案数排名及分析

图 2-3-2 是 2017 年全国各省级行政区内的每百万人口抢劫罪发生情况统计。从图 2-3-1 中可见,排名较为靠后的宁夏,在图 2-3-2 一跃为榜首;而发案总数最高的广东,百万人口的发案数排名下降到第 10 名。2017 年,宁夏常住人口为 682 万人左右,广东省常住人口 11 169 万人,宁夏常住人口占比不足广东省常住人口的百分之六,主要原因是由于人口基数小,每百万人口发案数排名立刻显著上升。区域层面上,结合数据分析,不存在某特定区域出现抢劫率畸高的情况。区分各省级行政区数据分析,抢劫罪每百万人口发案数在 0.4 以下的有上海、天津、重庆和广西,其中经济社会发展较为领先的地区居多,抢劫率较低,社会治安更为安全。

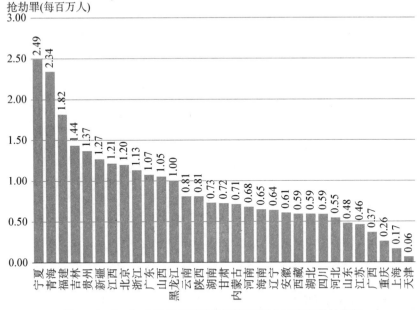

图 2-3-2　各省级行政区抢劫罪每百万人口发案数柱状图

为了作出进一步对比分析,表 2-3-1 对前述两项排名进行名次差对比。名次差为每百万人口发生数排名减去案件总数排名的结果,名次差为正代表实际每百万人口发生数少,为负则代表每百万人口发生数越多,绝对数值越大代表受该地区人口数量影响越大。结果显示,绝对值大于等于 10 的地区有:河南(15)、四川(16)、山东(17)、河北(15)、江苏(11)、新疆(-13)、北京(-13)、宁夏(-24)、青海(-24)。正值表示该地区虽然案件总量多,但由于人口基数庞大,事实上的案发比例并不高,当地的平安状况较好;负值表示该地区虽然案件数量少,但总人口也较少,体现出的发案比例相对较高,平安状况相对较差。

表 2-3-1　各省级行政区案件总数排名与每百万人口发案数排名对比

省/自治区/直辖市	案件总数排名	每百万人口发生数排名	名次差	省/自治区/直辖市	案件总数排名	每百万人口发生数排名	名次差
广东	1	10	9	河南	3	18	15
福建	2	3	1	浙江	4	9	5

续表

省/自治区/直辖市	案件总数排名	每百万人口发生数排名	名次差	省/自治区/直辖市	案件总数排名	每百万人口发生数排名	名次差
江西	5	7	2	新疆	19	6	−13
湖南	6	15	9	辽宁	20	20	0
贵州	7	5	−2	北京	21	8	−13
四川	8	24	16	甘肃	22	16	−6
山东	9	26	17	内蒙古	23	17	−6
河北	10	25	15	广西	24	28	4
云南	11	13	2	宁夏	25	1	−24
山西	12	11	−1	青海	26	2	−24
吉林	13	4	−9	重庆	27	29	2
黑龙江	14	12	−2	海南	28	19	−9
安徽	15	21	6	上海	29	30	1
江苏	16	27	11	西藏	30	22	−8
湖北	17	23	6	天津	31	31	0
陕西	18	14	−4				

三、抢劫罪的发案特点及原因分析

抢劫罪是以非法占有为目的,对财物的所有人、保管人使用暴力、胁迫或其他方法,强行将公私财物抢走的行为。由于抢劫罪侵犯的客体是复杂客体,包括公私财物的所有权和公民的人身权利,其表现出来的特征也相对复杂。由于各个省级行政区在人口密度、GDP、城镇人口数和教育比等因素之间的不同,所以其表现出的数据并非有固定模式可遵循。

但对于抢劫罪发生的原因,大致可以归结为以下几个方面:

第一,贫富差距加大。随着我国改革开放的深入,社会经济不断发展,人民生活条件得到了很大的改善,国民人均可支配收入不断增多。以案件总数排名与每百万人口案发数第一的广东省为例,计算至2017年人均地区生产总值GDP收入近五年(即2013—2017年)的数据分别为58 833元、63 469元、67 503元、74 016元、80 932元,总体呈现增长的趋势。但在收入增长的同时,由于城镇化进度不一致,经济发展的不平衡等诸多因素相互影响,贫富之间的差距也在慢慢拉大,由此造成社会仇富心理的滋长,一些人心理扭曲,容易踏上犯罪的道路。

第二,城镇化进程快且经济发展不平衡。经济的发展促进城镇化的快速融合,城市与农村、城市与城市之间经济发展的不平衡,使得一些人羡慕并向往大城市的生活,很多人选择进城务工,进城后有些不能适应、融入城市,如果再长期受到"有色眼镜"的对待,容易引发抢劫罪等暴力犯罪的发生。2017年,全国常住人口城镇化平均水平在58.52%。以广东省为例,2017年广东省常住人口城镇化率达69.85%,远高于全国平均水平,但全省不同区域间的人口城镇化水平存在着较大差异;其中,珠三角地区为85.29%,比西翼43.52%的人口城镇化率高近一倍。西翼为43.52%和山区为48.58%的人口城镇化率,分别低于全国平均水平15.00个和9.94个百分点,全省经济和人口均衡发展任务任重道远。

第三,市场竞争更新速度快。当前,经济发展面临国内和国外双重的竞争压力,部分企业或员工不能适应激烈的竞争浪潮,在前进中掉队。失去稳定工作,没有生活来源的城镇无业人员的增多,增加了社会治安的负担,给社会的稳定埋下了不稳定的因素。

第四,财产型犯罪投入成本低。据统计,抢劫罪除一般持各类刀具抢劫外,又出现了一些新型抢劫手段,比如以租房名义入户抢劫、网聊约会抢劫、麻醉抢劫等。而且,随着经济的发展,互联网的普及,这些犯罪手段的成本一般比较低,这在一定程度上也为犯罪分子提供了方便,降低了犯罪成本。

第五,对抢劫罪的打击力度不足,效果不明显。由于抢劫罪流动空间大、作案时间短、受害人报警迟,再加上侦查工作不及时、犯罪团伙性强、手段化多样等因素增加了破案的难度,给抢劫罪的打击工作带来了压力。而且,在打击抢劫罪的战略上,往往采取一松一紧的打法,即待抢劫犯罪在一定时期和区域内形成气候时开展专项斗争,斗争一结束又留下真空地带,待再形成气候时又开展专项斗争。这种周而复始的工作套路早已让抢劫犯罪分子习以为常,对他们来说如同服用了不足量的抗菌素,由此产生了抗药性,也使得抢劫犯罪打不胜打。

总而言之,抢劫罪作为一种严重且多发的刑事犯罪,自产生之日就一直受到严厉打击。但高压态势并未使抢劫罪绝迹,反而有上升的趋势。每年在案发总数中出现频率不断高升,同时由于抢劫罪犯罪情节千姿百态,新型犯罪手段和方法不断出现,司法机关如何在实务中准确地认定抢劫罪,对于打击抢劫罪具有重要的意义。

四、抢劫罪发生指数的年度比较

第一,从抢劫罪发生数量上来看,2016 年全国共发生抢劫罪 486 件,平均每个省级行政区 15.67 件,案件数最多的三个省级行政区分别是广东、四川和河南省。2017 年全国共发生抢劫罪 1 101 件。平均每个省级行政区 35.52 件,案件数最多的三个省级行政区分别是广东、福建和河南省。从该数据中可以看到,与前一年相比,2017 年全国抢劫罪发生数量增加 615 件,平均每个省级行政区抢劫罪发生数量增加 19.85 件,增幅均为 126.5%,这说明我国的抢劫罪发生数量不断增多且增长趋势较为明显,这就需要国家在遏制抢劫罪的发生上做出更大的努力以保障人民群众的财产安全。同时,对于 2016 年同样在各省级行政区抢劫罪发生数量排名前三的广东和河南,由于广东省和河南省都是人口大省,人口众多且流动人口较多,所以在整治抢劫罪时不可避免会受到人口数量的影响,但也需要针对两个不同省份的情况进行分析。两省同为人口大省的前提下,广东省的 GDP 发展水平高于河南省,同时,由于广东省地处港口区域较多,对外承接更多贸易往来,其中人口流动等其他相关利益驱动因素都应该纳入考量;河南省素有"九州腹地、十省通衢"之称,是全国重要的综合交通枢纽和人流、物流、信息流中心,其主要承接的是内陆贸易。所以这就需要这两个省份在整治抢劫罪时充分考虑到人口问题等因素,进而采取相应的对策来减少人口数量对整治抢劫罪带来的不利影响。

第二,从每百万人抢劫罪发生率来看,2017 年天津市、上海市每百万人抢劫罪发生率与 2016 年相比差别不大,说明这两市治理抢劫罪成效较为稳定,且相对更为安全。但是,也有部分省级行政区每百万人抢劫罪发生数与前一年相比差别巨大,如青海省由 2016 年的 0.34 件增长为 2017 年的 2.34 件,增幅为 588.24%;福建省由 2016 年的 0.39 件增长为 2017 年的 1.82 件,增幅为 366.67%。这说明在 2017 年中,青海省和福建省对于抢劫罪的整治并不理想,也反映出我国部分省级行政区对抢劫罪的整治工作仍需要进一步加强。

第四节 故意伤害犯罪发生指数

一、故意伤害罪发案总数排名及分析

我们统计了各省级行政区 2017 年故意伤害罪的数据，共计 1 011 件，平均每个地区有 32.61 件，如图 2-4-1 所示。判决案件数最多的三个地区分别是广东、云南、贵州，分别为 76 件、70 件、67 件，三者差距不大；故意伤害案件罕发地区分别是上海、天津、西藏，分别为 1 件、2 件、3 件。上海作为人口密度最大的地区之一，案件数量仅有 1 件，犯罪治理的效果值得肯定。

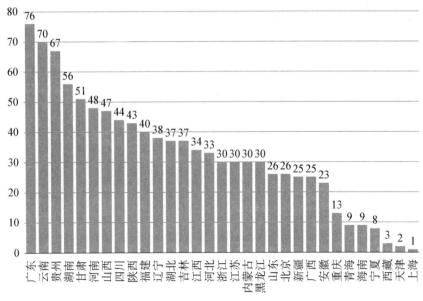

图 2-4-1 各省级行政区故意伤害罪发案数柱状图

故意伤害罪在全国的发案数呈现出总体不均衡、各地区之间差异巨大的状态，抢劫罪案件数排名第一的广东省在故意伤害罪数表也上占据第一。从总体来看，中部地区的案件发生数量较为平均。西北偏远地区如青海、宁夏、西藏等省级行政区的案件数量总体较少，分别是 9 件、8 件、3 件。

二、故意伤害罪每百万人口发案数排名及分析

图2-4-2是2017年故意伤害罪在各省级行政区的每百万人口发生数统计,通过结合图2-4-1的数据分析可见,青海在图2-4-1中本来排名非常靠后,但在图2-4-2中一跃为第三名。该变化建立在青海常住人口数为598万,不及广东省常住人口的6%的事实基础上。广东省的故意伤害案件总数放在每百万人口为基数的数据中,排名下跌至第19位。

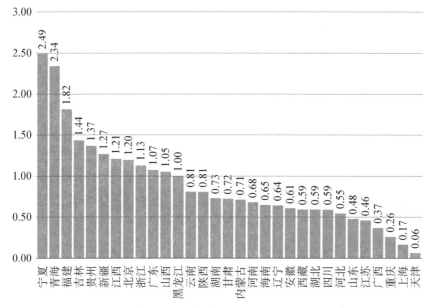

图2-4-2 各省级行政区故意伤害罪每百万人口发案数柱状图

通过新一轮数据比对,可以看出,西北偏远地区反呈现出高故意伤害发生率。

为进一步对比说明,表2-4-1对两项排名的名次差进行研究,名次差为正代表实际每百万人口发生数少,为负则代表每百万人口发生数越多,绝对数值越大代表受该地区人口数量影响越大。绝对值大于等于10的地区有:广东(18)、湖南(12)、河南(18)、四川(14)、河北(10)、江苏(10)、内蒙古(-10)、北京(-14)、新疆(-10)、青海(-23)、海南(-14)、宁夏(-19)、西藏(-15)。

表 2-4-1 各省级行政区案件总数排名与每百万人口发案数排名对比

省/自治区/直辖市	案件总数排名	每百万人口发生数排名	名次差	省/自治区/直辖市	案件总数排名	每百万人口发案数排名	名次差
广东	1	19	18	江苏	17	27	10
云南	2	4	2	内蒙古	18	8	-10
贵州	3	2	-1	黑龙江	19	17	-2
湖南	4	16	12	山东	20	29	9
甘肃	5	1	-4	北京	21	7	-14
河南	6	24	18	新疆	22	12	-10
山西	7	6	-1	广西	23	23	0
四川	8	22	14	安徽	24	28	4
陕西	9	10	1	重庆	25	26	1
福建	10	11	1	青海	26	3	-23
辽宁	11	15	4	海南	27	13	-14
湖北	12	20	8	宁夏	28	9	-19
吉林	13	5	-8	西藏	29	14	-15
江西	14	18	4	天津	30	30	0
河北	15	25	10	上海	31	31	0
浙江	16	21	5				

三、故意伤害罪的发案特点及原因分析

故意伤害罪侵犯的客体是他人的身体健康权,客观方面表现为实施了非法损害他人身体的行为。主体为一般主体,凡达到刑事责任年龄并具备刑事责任能力的自然人均能构成故意伤害罪。各省级行政区故意伤害案件数量存在差异,大致原因可以总结为以下几个原因:

第一,法治宣传力度不够,部分群众的相关法治观念淡薄。故意伤害罪的犯罪人员大多文化程度不高,法治意识不强,在与他人发生矛盾与冲突时,一方面很少思考通过正当途径解决,用法律手段维权;另一方面对违法行为的代价认知不足,片面以为自己占理,或者认为打架是小事,不知道还要进行赔偿,甚至可能判刑,从而做出过激行为。这与教育比存在一定的关系,以案件数量排名分别第二、第三位的云南省以及贵州省为例,普通义务教育比分别为51.13%、51.72%,相较于全国普通义务教育平均水平 63.75% 低了 12.62 个

和 12.03 个百分点;高等教育比分别为 7.83%、8.73%,相较于全国高等教育平均水平 14.29%低了 6.46 个和 5.56 个百分点。教育水平的差距一定程度上限制了法治教育的宣传力度。

第二,就业率不高,收入低引发犯罪。大量企业改制以后,城镇无业人员数量迅速增加,这些人失去稳定工作之后长期闲散于社会,容易引发犯罪的发生。

第三,综合治理措施不落实,部分基层组织没有发挥治保、民调等作用。随着市场经济的发展,治保、民调等机构建设未能及时跟上,综合治理等措施无相应机构进行落实,致使一些普通民间纠纷和家庭矛盾得不到及时调解;有的地方虽然机构健全,但民调人员力量薄弱,作用发挥不充分,调解不深入彻底,未能有效化解矛盾纠纷,最终引发刑事案件。

最后,由于社会的复杂性、法律的局限性和滞后性,在司法实践中,故意伤害罪的识别也会产生新的混乱。例如对故意伤害罪的入罪标准是否有不妥之处,对轻伤的程度如何界定,故意伤害罪与一般殴打行为的区分问题,这些都会影响行为人的行为是否构成故意伤害罪,从而进一步影响我国的故意伤害罪犯罪率。对这些存在的问题进行分析研究,总结其中的经验和不足,使其更加完善和具体,弥补其在实践中的不足,同时这些对故意伤害罪的防范也会起到一定的积极作用。

四、故意伤害罪发生指数的年度比较

第一,从故意伤害罪发生数量上来看,2016 年全国故意伤害罪的案件数量共计 2 951 件,平均每个地区有 95.19 件,判决案件数最多的三个地区分别是广东、云南与安徽;2017 年全国故意伤害罪的案件数量共计 1 011 件,平均每个地区有 32.61 件,判决案件数最多的三个地区分别是广东、云南与贵州。从该数据中可以看到,与前一年相比,2017 年全国故意伤害罪发生数量减少 1 940 件,平均每个省级行政区故意伤害罪发生数量减少 62.58 件,降幅均为 65.74%,这说明与 2016 年相比,2017 年我国在整治故意伤害罪案件上成效显著,取得了较好的社会效果。同时,虽然广东省和云南省故意伤害罪发生数量仍然排在前列,但是要看到,2016 年广东省故意伤害罪数量是 288 件,2017 年是 76 件,减少了 212 件,降幅为 73.6%,云南省 2016 年故意伤害罪数量是 240 件,2017 年是 70 件,减少了 170 件,降幅为 70.8%,这说明这两个省份在遏制故意伤害罪发生上同样取得了很好的成效。

第二,从每百万人故意伤害罪发生率来看,与2016年相比,2017年全国各省级行政区故意伤害罪每百万人口发生数均有所减少,且降幅较大,如上海市的故意伤害罪每百万人口发生数由2016年的1.36件降为2017年的0.04件,减少1.32件,降幅为97.1%。除此之外,同前一年比较可以看到上海市、天津市、重庆市、江苏省这四个省级行政区仍然排在后列,说明这四个省级行政区2017年对于故意伤害罪的遏制与整治取得了很好的效果。

第五节　走私、贩卖、运输、制造毒品罪发生指数

一、走私、贩卖、运输、制造毒品罪发案总数排名及分析

2017年全国中级及以上人民法院判决的走私、贩卖、运输、制造毒品罪案件数量共计4 317件,平均每个省级行政区约有139.26件。从图2-5-1中我们可以看出,案件数量最多的三个省级行政区分别为:云南、广东和四川。云南省以1 643件远多于其他省级行政区,广东省以415件位居第二,四川省

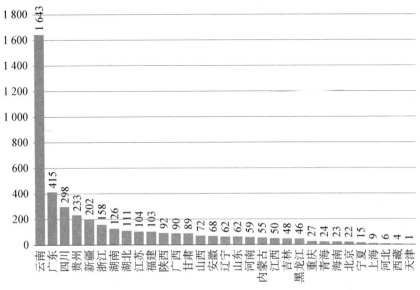

图2-5-1　各省级行政区走私、贩卖、运输、制造毒品罪发案数柱状图

以 298 件位居第三。案件数最少的为天津市，仅有 1 件。另外上海、河北和西藏分别有 9、6 以及 4 件。上海市作为人口密度最大的省级行政区之一，案件总量仅有 9 件。与北京、上海案件数相近的西藏、宁夏等省份人口密度远远低于上海和北京。可见，北京、上海在毒品犯罪的预防和治理工作方面卓有成效。云南省毒品犯罪案件数量远远多于其他省级行政区，是第二名的广东省的四倍左右，比其他所有省份案件数的总和还要多。

表 2-5-1　各省级行政区走私、贩卖、运输、制造毒品罪案件数排名

省/市/自治区	案件数	省/市/自治区	案件数
云南	1 643	辽宁	62
广东	415	河南	59
四川	298	内蒙古	55
贵州	233	江西	50
新疆	202	吉林	48
浙江	158	黑龙江	46
湖南	126	重庆	27
湖北	111	青海	24
江苏	104	海南	23
福建	103	北京	22
陕西	92	宁夏	15
广西	90	上海	9
甘肃	89	河北	6
山西	72	西藏	4
安徽	68	天津	1
山东	62		

二、走私、贩卖、运输、制造毒品罪每百万人口发案数排名及分析

各省级行政区人口密度各有不同，有的甚至差异较大。相较于绝对数的简单排名，将人口密度因素纳入考量范围更能反映不同地方的平安情况。在案件总数排名靠前的情况下，若每百万人口案件发生数也靠前，则毫无疑问平安程度相对靠后，反之亦然。

经过统计分析，最终结果如图2-5-2所示。青海在图2-5-1中排名倒数第24位，但在图2-5-2中意外排名在第4位。原因在于青海常住人口仅为598万人，不足人口第一大省广东省的百分之六（广东省常住人口数量为11169万人）。青海毒品犯罪案件只有24件，但均分到每百万人口之上却是相对较大的数字。宁夏的情况与青海比较类似。宁夏回族自治区常住人口的数量仅为682万人，面积较广，人口稀少，导致每百万人口的平均发案率较高。除青海和宁夏之外，排名前三位的分别为：云南、新疆和贵州；排名后三位的分别为：上海、河北与天津。图2-5-1中排名第二的广东由于人口众多，在图2-5-2中排名第5位。

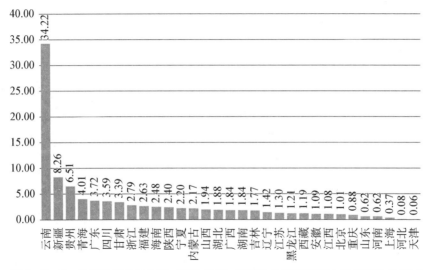

图2-5-2 各省级行政区走私、贩卖、运输、制造毒品罪每百万人口发案数柱状图

为了进一步对比说明，我们列出表2-5-1中的名次差对两项排名进行对比。名次差为每百万人口发生数排名减去案件总数排名的结果，名次差为正代表实际每百万人口发生数少，为负则代表每百万人口发生数越多，绝对数值越大代表受该地区人口数量影响越大。结果绝对值大于10的地区有：湖南（10）、江苏（11）、山东（11）、河南（10）、青海（—20）、海南（—15）、宁夏（—15）。在这几个省市中，绝对值为正值的地区多为案件数量大、人口众多但平均每百万人口的案件发生率并不高，从而反映出这些地区案件数量排名靠前是因为人口基数庞大，并不能直接证明这些地区毒品犯罪治理较差；反之，绝对值为负数的地区，虽然案件总数排名不高，但是由于人口稀少，平均到每百万人口的案件发生率较高。我们从表2-5-3中可以发现，人口基数庞大的几个人口大省和地广人稀的几个边远地区省级行政区排名的差值是最大的。这也直接体现了人口密度对于平安程度的评价有着非常重要的影响。将人口密度和每百万人口的案件发生率纳入到平安中国的评价体系中会使结果更具有参考价值。

综上，每百万人口案件发生率较高的省级行政区且案件总数较多的省级行政区平安程度较差，如云南、新疆、贵州等地；而每百万人口案件发生率较低且案件总数较少的省级行政区平安程度较好，如天津、上海等地区。

表2-5-2　　　　各省级行政区每百万人口案件数排名

省/市/自治区	每百万人口案件数	省/市/自治区	每百万人口案件数
云南	34.22	吉林	1.77
新疆	8.26	辽宁	1.42
贵州	6.51	江苏	1.30
青海	4.01	黑龙江	1.21
广东	3.72	西藏	1.19
四川	3.59	安徽	1.09
甘肃	3.39	江西	1.08
浙江	2.79	北京	1.01
福建	2.63	重庆	0.88
海南	2.48	山东	0.62
陕西	2.40	河南	0.62
宁夏	2.20	上海	0.37
内蒙古	2.17	河北	0.08
山西	1.94	天津	0.06
湖北	1.88	湖南	1.84
广西	1.84	吉林	1.77
湖南	1.84		

表2-5-3　　各省市案件总数与每百万人口案件数排名名次差

省/市/自治区	案件数排名	每百万人口案件数排名	名次差
云南	1	1	0
广东	2	5	3
四川	3	6	3

续表

省/市/自治区	案件数排名	每百万人口案件数排名	名次差
贵州	4	3	−1
新疆	5	2	−3
浙江	6	8	2
湖南	7	17	10
湖北	8	15	7
江苏	9	20	11
福建	10	9	−1
陕西	11	11	0
广西	12	16	−4
甘肃	13	7	−6
山西	14	14	0
安徽	15	23	8
山东	16	27	11
辽宁	17	19	2
河南	18	28	10
内蒙古	19	13	−6
江西	20	24	4
吉林	21	18	−3
黑龙江	22	21	−1
重庆	23	26	3
青海	24	4	−20
海南	25	10	−15
北京	26	25	−1
宁夏	27	12	−15
上海	28	29	1
河北	29	30	1
西藏	30	22	−8
天津	31	31	0

三、走私、贩卖、运输、制造毒品罪的发案特点及原因分析

为何云南省毒品犯罪案件数量如此大？统计数据中云南省 2017 年中级以上人民法院审判的走私、贩卖、运输、制造毒品罪案件总数有 1 643 件，数量

远远高于其他省份,且每百万人口案件数也达到了 34.22 件,其他省份都是个位数,可见,云南省的毒品犯罪现象非常严重,这点非常值得注意,为何会产生这种情况也很有必要进行分析。云南省位于我国西南边陲,总面积约 39 万平方千米,总人口 4 596 万。通过各方面的综合分析我们认为,云南省毒品犯罪的成因主要包括如下三个方面:

第一,地缘因素影响。云南省地理位置比较特殊,处在我国的西南边境地区,省内有 8 个地州、27 个市县与缅甸、老挝和越南接壤,边境上的村落之间相互连接,这些地区村民的民族和语言相通,沟通毫无障碍,边民保留着互市、通婚的习俗。特殊的地理位置,使国际贩毒集团利用滇缅边境的特殊便利条件,过境进行贩毒,将云南变成东南亚通向内陆的重要"毒品通道"。云南地区距离东南亚"金三角"等毒品原料产地较近,又可以连通中国内地市场,地处边陲经济发展不充分,而生产毒品利润丰厚,一些劳动力为了获取利益而参与毒品的生产制造。这也是云南地区成为主要毒品产地的原因之一。

第二,历史因素的影响。在云南省部分经济较为落后的山区有种植毒品植物的习惯,并且未被建国初的禁毒运动打击到,边境的生活水平极低,又缺少其他改善生活的条件和基础,因此,在面对毒贩给出高额的佣金时,村民很难经受住诱惑,容易为了眼前的利益而贩毒,同时由于教育资源的匮乏,对于毒品的危害性认识不深,心理上对于贩毒具有一定程度的容忍性。

第三,吸毒市场因素的影响。为什么毒品犯罪难以抑制?我们将毒品当作一种商品则更加容易理解。是商品就要遵循市场的基本供求规律,新的吸毒人口每年都在增加,而现在的戒毒成功率较低,也就是说毒品市场的消费者在不断增加,通过市场经济的规律我们不难想到,毒品供应是"有求必应"。种植毒品的收益是其他农作物的数倍,提高了贫困地区的人口生活需要;运输毒品的利润丰厚,更使得运毒者想方设法运送毒品;制毒者为了利益不断提升制毒技术;吸毒者因为毒品成瘾性变为毒品的"老主顾",于是毒品市场不断扩大。

在统计数据中我们还可以发现,除了云、贵、川三省属于我国西南边境地区毒品犯罪发案率高外,新疆、青海、甘肃等我国西北地区省份,毒品犯罪发案率同样较其他省份高,新疆毒品犯罪案件总数排名第五,共 202 件,每百万人口案发数 8.26 件,排名第二,仅次于云南省。虽然新疆等西北地区的毒品犯罪案件数没有云南地区那么巨大,但也属于我国毒品犯罪高发的地区。

新疆地区成为除西南地区之外我国毒品犯罪最严重的地区之一,主要是因为其地处我国西北边境,国境线长且边境口岸众多,地理位置上又靠近世界三大毒源地之一"金新月"地区。该地区毒品问题主要涉及阿富汗、伊朗、巴基斯坦这三个国家。这三个国家作为毒品原材料生产地具有悠久的历史渊源,且直到21世纪的今天,"金新月"地区的毒品产量依旧十分可观,在当地难以消耗众多毒品的情况下,制毒集团可借助中东地区便利的交通条件,向西可供应欧洲市场,向南可供南亚及北非地区,而向东则会通过亚欧大陆桥铁路流向中亚及中国西北部地区。"金新月"地区毒品持续性入境中国的问题,改变了新疆地区毒品犯罪环境及地区社会生态体系,加之新疆地区复杂性,国际性、民族性等现实属性,导致边疆地区社会综合治理的艰巨性加大。20世纪90年代中亚五国独立建立新的国家,新兴的国家受"金新月"地区影响,被国际贩毒组织所利用,成为毒品运输的中转国,从中亚经由新疆过境至北上广等地区的这条国际贩毒线路已成为贩毒组织开辟的重要通道。① "金新月"地区辐射新疆与多国国家接壤,漫长的边境线及众多的边境开放口岸增加了毒品过境的现实可能性。国际贩毒组织有计划地组织相关人员向我国边境地区走私毒品。通过乌鲁木齐、喀什经中转,走私至北京、广州等地。② 国际贩毒组织依托新疆与中亚、西亚、南亚在民族生活习惯方面相近性,躲避法律打击。与此同时,毒品犯罪高科技化趋势更加明显。贩毒组织越来越多地利用非列管化学品非法生产毒品,进口非列管化学品流入中国制毒渠道增多,国内相关部门已经查获多起来自境外特别是西亚、南亚地区进口非列管化学品案件。

该地区毒品犯罪与地区暴力恐怖活动、非法武器走私犯罪有着千丝万缕的关系,塔利班年收入的一半来自毒品生产和贩运。"金新月"地区毒品犯罪问题的持续发酵,使得毒品犯罪打击工作变得更加具有国际性和复杂性。"毒恐结合"的现实可能性增强。

四、走私、贩卖、运输、制造毒品罪的社会危害及治理重难点

(一)毒品犯罪的社会危害

毒品犯罪对社会的影响极其深远且广泛,不仅仅是对吸食者身体和精神

---

① 邵建平、杨祥章:《世界毒品问题与中国国家安全》,中国社会科学出版社2016版,第113—138页。
② 梁春香:《"金新月"地区毒品向我国渗透的现状与对策》,《武警学院学报》2014年第11期。

的摧残,还会引发更多的社会问题。以从数据中发现的我国毒品犯罪情况非常严重的新疆地区为例,截至 2017 年 11 月底,新疆共查处吸毒人员 1.7 万余人,处置强制隔离戒毒人员 4 249 名,破获毒品案件 1 695 起,抓获犯罪嫌疑人 1 895 名,缴获各类毒品 724.26 公斤。[①] 毒品经由中亚通过口岸走私到新疆,给新疆的金融安全带来冲击,恶化新疆投资环境。毒品问题引发的洗钱等其他犯罪冲击境内金融业发展,全国每年因吸毒造成的直接损失 5 000 亿元。[②] 涉毒案件不良影响众多,吸毒人员为获取毒资,进行寻衅滋事等个体极端违法犯罪活动,产生社会不良影响。近两年,因涉毒引发的刑事、治安案件约占总案件 15%,与此同时,毒品的大规模传播导致吸毒人群基数的不断增长,不安全的静脉注射行为也导致了艾滋病等传染病在新疆快速传播。2016 年新疆艾滋病人数占全国总人口比例为 0.168 8%,居全国第二,远高出全国平均水平。目前,全疆登记在册吸毒人员已超过 8 万人,近三年平均每年新增吸毒人员 8 000 多人,吸毒人员中 35 岁以下的占 59%。[③] 青壮年感染艾滋病所占比例较大,新疆国民卫生防控风险迭代升级。[④] 新精神活性物质相较于传统毒品成瘾更深,危害更大,会对人体生理机能产生不可逆转的损害。毒品问题易导致新疆劳动力素质及劳动生产率下降,不利于社会财富的聚集与创造,使新疆在本身经济发展水平较低的情况下,产生进一步的恶性循环。这些数据很深刻地展现出毒品犯罪对社会和民众的恶劣影响,其涉及社会生活的各方各面,最终也与每个人息息相关,打击毒品犯罪刻不容缓。

(二)毒品犯罪治理难点

毒品犯罪是笼罩在人类社会上空无法驱除的一片乌云,已经成为世界各国政府共同面对的严峻问题。这一问题早已超越普通意义上的刑事犯罪界限,逐步形成了对社会稳定、经济发展、精神文明建设等诸多领域造成严重破坏的罪恶根源。在新的历史条件下,由于互联网与交通运输业的飞速发展,毒品犯罪借助网络、物流等新渠道得以实现,形成了新的作案特点与发展趋势,

---

① 《新疆今年已缴获毒品 724 公斤　新查获吸毒者低龄化》,见 http://www.sohu.com.cn,访问于 2019 年 7 月 23 日。

② 阿地力江·阿不来提:《中亚毒品问题研究》,中央民族大学出版社 2017 版,第 64 页。

③ 《新疆今年已缴获毒品 371.78 公斤　吸毒人员中 35 岁以下占 59%》,见 http://news.sina.com.cn,访问于 2019 年 7 月 25 日。

④ 阿地力江·阿布来提:《中亚毒品问题的国际化及其对我国地区稳定的影响》,《中国人民公安大学学报》(社会科学版)2010 年第 2 期。

使得传统的防控毒品犯罪模式显得更加力有不逮。

根据数据统计,目前我国毒品犯罪的特点是除云南地区犯罪情况极其严重外,其余毒品犯罪主要集中在新疆等西北边境地区、西南边境地区、东南沿海的经济发达地区与人口相对密集的省份,毒品犯罪的主要主体包括有组织有背景的国际专业制毒贩毒集团,也包括各地黑社会性质组织,还有主要分布在东南沿海和人口密集省份以贩养吸的个体零包毒品贩子。对于不同地区不同的犯罪主体,治理方式与难点各不相同。

1. 针对个体毒贩治理的难点和方法

个体贩毒人员主要分布在经济发达人口密集的省份,如东南沿海的广东、浙江等地区,是毒品犯罪的最终端,也是吸毒人员与毒品接触的最直接渠道,是全国各地公安机关面临的最普遍的毒品犯罪问题。

近年来,毒品犯罪人员反侦查能力加强,增加了查处、打击难度。主要表现有:一是毒品交易上下家采取单线联系,隐瞒真实身份信息。二是人货分离,无法人赃并获。三是多采用零包散卖的交易方式,辩称帮助吸毒人员购买。毒贩大多采取化整为零的方法进行毒品交易,且拿到毒资后,离开一段时间再交付毒品。公安机关在办案时取证难度增大,即使抓获毒贩也难以定罪。在改进贩毒方法的同时,贩毒人员还会利用法律漏洞逃避处罚。我国刑法中,毒品犯罪处罚力度普遍偏大,且打击力度大,犯罪成本高。但为了高额利润,仍有很多犯罪分子铤而走险,为了逃避刑法的严苛处罚,犯罪分子想方设法钻法律漏洞。一是以身体残疾公然作案。如某犯罪分子因贩卖毒品曾在2013年被判处有期徒刑,因患病无法行走,只能采取监外执行方式。而其并未悔改,继续公然贩卖毒品,而由于其身体残疾的原因,无法收监执行或采取拘留等强制措施,公安机关迟迟没有立案或者立案后未能及时移送审查起诉,导致其得以成为许多零包贩毒案件的上家。二是利用法律对女性的保护频繁作案。例如,某女性毒贩曾因贩卖毒品判处缓刑。因其连续怀孕、生产、哺乳,无法收监执行,不能有效采取监禁刑等强制措施,即便连续多次发现再次贩卖,也无法及时追究其刑事责任。三是以有幼儿无人照顾为"护身符"实施贩毒。比如,某毒贩有脑瘫儿需要照顾,其丈夫因贩卖毒品罪已判刑。虽然按照法律规定其应当判处15年以上有期徒刑,但在侦查、起诉、审判阶段均无法采取逮捕的强制措施,且在法院判决后,长时间无法收监执行。

针对这些问题,一方面公安机关应当提高自身的执法水平和基层执法人员的法律素养,在办案过程中和收集证据、处理相关涉案人员时减少法律问题的发生。另外，在审理过程中，法院应当加强对涉案人员的监控。同时，政府职能部门应加强社会管理，对毒品交易高发的娱乐场所，如 KTV、酒店、会所、旅馆等场所应当加强管控，禁止毒品在这些场所出现并流通。对娱乐行业从业者也应强制性自我管理，不能对毒品犯罪加以纵容，如果发现营业场所内存在毒品交易等与毒品犯罪相关的行为，对该场所的管理者也应当加以处罚。

2. 针对国际化专业毒品犯罪集团治理的难点和方式

专业的国际化贩毒集团主要存在于毒品产地和重要的毒品运输通道附近地区，他们多利用该地区便利条件进行毒品制造、运输及贩卖活动。在我国主要分布在云南及新疆地区，其辐射地区也很广阔，我国东南沿海地区的毒品也主要来自于这几个地区的毒品犯罪集团。虽然地区相对集中，但是由于其犯罪手段相对个体毒贩更加隐蔽更加专业，且其财力雄厚，人数众多，甚至在当地拥有一定背景和根基，治理难度更大，更加难以根除。

此外，许多贩毒集团为了逃避法律处罚，利用非列管化学品非法生产毒品，即使被公安机关抓获，依然无法依据刑法及相关法律定罪。由于法律具有滞后性，很多新型毒品及其原材料在一定时间内未被列入管制药品、化学品的清单中，而很多制毒集团利用这一特点不断研制非列管的新型毒品及可替代毒品的新型药品，这也是打击毒品犯罪难度加大的原因之一。

对于我国西南及西北边境地区毒品犯罪的治理方法，既要采取强硬手段，也要根据当地的社会、地理、经济、文化各个方面的情况进行具体分析，利用当地民俗和社群文化，推进禁毒工作。

我国是一个呈多元一体格局的多民族国家，而云贵川等西南省份和新疆等西北地区是少数民族聚居地区，其中云南省目前是少数民族最多的省份之一，其中有 25 个少数民族，民族成分和关系极为复杂。云南毒品犯罪案件数量巨大，为了加大禁毒工作力度，利用当地少数民族的社群文化和习俗是有效手段。为了维护社会的稳定发展，每个民族在其社会发展过程中逐渐形成了一套约定俗成的习俗及习惯法等传统制度。各少数民族或多或少被本民族传统文化影响着，在打击"禁吸戒毒"的禁毒工作中，少数民族传统文化对禁毒工作的影响是不容小觑的。以彝族为例，彝族是一个山地民族，交通相对落后，加上特殊的历史原因，使得彝族与外界的接触较少，受外来文化影响不大。在社会发展过程中，其传统文化对彝族社会生活影响较大，在彝族社会生活中传统文化发挥着重要的作用。家支制度是古代彝族具有特色的父系血亲世系组织，传承至今，在彝族社会日常生活中发挥着重要的作用。20世纪80年代至21世纪初的时间里，凉山彝族地区的毒品问题曾较为严重，一时间彝族成了毒品的受灾群体，凉山成了毒品的重灾区。在这样一个背景下，家支制度开始运用于禁毒工作中，并取得了不错的效果，既能利用彝族自己的信仰监督吸食者戒毒，也能够通过家族的议事制度进行禁毒宣传，从一定程度上降低了凉山彝族地区毒品的受灾程度。这种禁毒工作的思路在我国西南、西北等其他少数民族聚居地区同样适用。

西南地区和西北地区被毒品犯罪困扰的一大原因也是因为这两个地区处于边境，口岸众多，易于毒品的流入和流出，所以，加强边境管控，推动国家间经贸往来与打击涉毒产业链的有机统一成为打击毒品犯罪的重要手段。

根据统计数据，我国毒品犯罪多发地区多为边境地区，毒品交易得以依托边境口岸完成，由于国家间贸易往来、人口流动增加，对毒品犯罪监管难度加大。这种情况下，应与相关国家在建立互信的基础上加强边界控管，加强公安边防基础设施建设，基本保障国境线管控全面覆盖；对于自然条件恶劣，不便于管控的地区可使用无人机、监测卫星等技术，远程全天候无死角监控以防止境外毒品以及化学前体出入过境；其次中国作为"金新月""金三角"地区化学前体的供应国及输入国，应当加大化学前体的检查建立专项检查反馈制度，并与国际麻醉品管理局加深合作，交换情报，对麻醉品、化学品进出口情况进行追踪监控，争取从源头阻断化学品前体的供应。

目前我国毒品犯罪多发的西南地区及西北地区吸毒人群数量大，且受教育程度较低导致的健康问题和犯罪问题如艾滋病发病率高、暴力犯罪及财产犯罪多发等社会问题不容忽视。若想从源头减少毒品犯罪，则应当加大对边境地区的扶贫力度和增强禁毒教育和宣传、提升教育质量和普及度。

同时，对重点人群加强管控也是治理重点。吸毒人员在戒毒之后，在回归家庭和社会中面临障碍，破除社会歧视，打破戒毒人员回归社会的阻碍也是治理毒品犯罪的重要环节。目前，国家针对招收残疾等弱势群体就业的企业采取相关财税优惠政策，针对吸纳回归社会的吸毒人员的企业可以借鉴相关制度政策。政府部门可联合社会组织为戒毒者重返社会生活提供条件与支持并帮扶就业，将相关人员安置在工作难度较低、劳动环境较为轻松的部分公益性质岗位进行再就业，避免相关人员重返社会遇到障碍进而复吸，从而产生更多的社会问题。

第六节　组织、强迫、引诱、容留、介绍卖淫罪发生指数

一、组织、强迫、引诱、容留、介绍卖淫罪发案总数排名及分析

2017年全国中级及以上人民法院判决的组织、强迫、引诱、容留、介绍卖淫罪案件数量共173件，数量较少，平均每个省级行政区仅有5.58件，其中有6个省份没有统计到相关案件。原因可能是此类案件中涉及到当事人的隐私问题，所以很多案件的判决书不对外公开。而且由于本研究仅统计中级以上人民法院的案件，而基层法院的案件并没有进行统计，所以能够公开的并且由中级法院审理的案件数量较少。从图2-6-1中我们可以看出，案件数量最多的三个省级行政区分别为：浙江、福建和贵州。浙江省以24件位居第一，福建省以18件位居第二，贵州省以14件位居第三。山东、宁夏、青海、海南、上海、天津这六个省份没有相关案件。案件数最少的为河北、黑龙江、北京、内蒙古、重庆、西藏这六个省份均以1件排名最末尾。

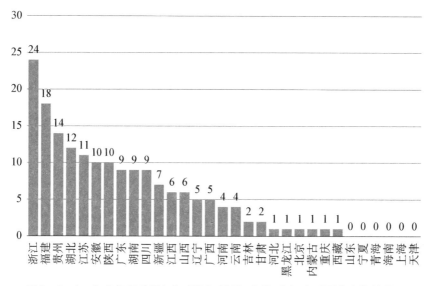

图2-6-1　各省级行政区组织、强迫、引诱、容留、介绍卖淫罪发案数柱状图

表 2-6-1　　各省级行政区组织、强迫、引诱、容留、介绍卖淫罪案件数排名

省/市/自治区	案件数	省/市/自治区	案件数
浙江	24	云南	4
福建	18	吉林	2
贵州	14	甘肃	2
湖北	12	黑龙江	1
江苏	11	河北	1
安徽	10	内蒙古	1
陕西	10	重庆	1
广东	9	北京	1
四川	9	西藏	1
湖南	9	山东	0
新疆	7	青海	0
江西	6	海南	0
山西	6	宁夏	0
广西	5	上海	0
辽宁	5	天津	0
河南	4		

二、组织、强迫、引诱、容留、介绍卖淫罪每百万人口发案数排名及分析

图 2-6-2 是 2017 年组织、强迫、引诱、容留、介绍卖淫罪在全国各省级行政区内的每百万人口发生率统计。广东在图 2-6-1 中排名靠前位置,在图 2-6-2 却在 17 名的位置。广东省常住人口数量为 11 169 万人,西藏常住人口为 337 万人左右,不足广东省人口的百分之四,虽然西藏的组织卖淫案件只有 1 件,但是由于人口基数小,每百万人口发案数排名立刻显著上升。在区域层面,东南地区总体呈现出高发案率。

为了作出进一步对比说明,下列表 2-6-3 将对两项排名进行名次差对比。名次差为每百万人口发生数排名减去案件总数排名的结果,名次差为正代表实际每百万人口发生数少,为负则代表每百万人口发生数越多,绝对数值越大代表受该地区人口数量影响越大。结果显示,绝对值大于等于 5 的地区有:江苏(5)、广东(9)、四川(5)、新疆(—6)、山西(—5)、河南(5)、西藏

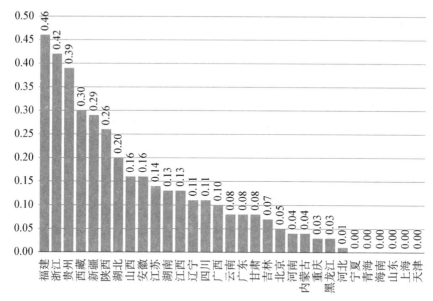

图 2-6-2　各省级行政区组织、强迫、引诱、容留、介绍卖淫罪每百万人口发案数柱状图

（一21）。正值表示该地区虽然案件数量多，但由于人口基数庞大，平安指数相对上升；负值表示该地区虽然案件数量少，但由于人口较少，发案率较高，平安指数相对下降。

表 2-6-2　　各省级行政区每百万人口案件数排名

省/市/自治区	每百万人口案件数	省/市/自治区	每百万人口案件数
福建	0.46	江西	0.13
浙江	0.42	辽宁	0.11
贵州	0.39	四川	0.11
西藏	0.30	广西	0.10
新疆	0.29	云南	0.08
陕西	0.26	广东	0.08
湖北	0.20	甘肃	0.08
山西	0.16	吉林	0.07
安徽	0.16	北京	0.05
江苏	0.14	河南	0.04
湖南	0.13	内蒙古	0.04

续表

省/市/自治区	每百万人口案件数	省/市/自治区	每百万人口案件数
重庆	0.03	宁夏	0.00
黑龙江	0.03	山东	0.00
河北	0.01	上海	0.00
青海	0.00	天津	0.00
海南	0.00		

表 2-6-3　各省级行政区案件数和每百万人口案件数排名名次差

省/市/自治区	案件数排名	每百万人口案件数排名	名次差
浙江	1	2	1
福建	2	1	−1
贵州	3	3	0
湖北	4	7	3
江苏	5	10	5
安徽	6	9	3
陕西	7	6	−1
广东	8	17	9
四川	9	14	5
湖南	10	11	1
新疆	11	5	−6
江西	12	12	0
山西	13	8	−5
广西	14	15	1
辽宁	15	13	−2
河南	16	21	5
云南	17	16	−1
吉林	18	19	1
甘肃	19	18	−1
黑龙江	20	24	4
河北	21	25	4
内蒙古	22	22	0
重庆	23	23	0
北京	24	20	−4
西藏	25	4	−21
山东	—	—	—

续表

省/市/自治区	案件数排名	每百万人口案件数排名	名次差
青海	—	—	—
海南	—	—	—
宁夏	—	—	—
上海	—	—	—
天津	—	—	—

三、组织、强迫、引诱、容留、介绍卖淫罪的分布特点、原因及治理

根据统计数据来看,组织卖淫类犯罪主要在东南沿海地区较为多发,浙江、福建两省分别居第一和第二位。通过结合各地的经济、文化、社会、地理等因素分析,我们认为,东南沿海省份人口较为密集,人员流动性强,且外来务工人员较多,开展卖淫活动有着较为广阔的市场。组织、强迫、引诱、容留、介绍卖淫罪的行为类型包括组织卖淫行为、强迫卖淫行为、引诱卖淫行为、容留卖淫行为、介绍卖淫行为,还有另一个相关罪名是协助卖淫行为,是在刑法分则中将帮助犯的行为正犯化。在实践中这两种罪名的区分依然有很多争议,而本文中主要谈论的是组织卖淫的行为。

一般来讲,在目前的市场经济背景下,组织卖淫行为的实施者主要以公司、集团等有组织的形式组织卖淫活动,有别于简单的纠集少量卖淫女进行的小规模卖淫活动,危害性较大且发生率较高的组织卖淫犯罪主体主要是有着严密上下级关系,有酒店、娱乐会所等产业作为背景的卖淫集团,这也与市场经济的发展有关。而这种犯罪组织需要财力和人力,且需要广阔的市场作为支撑,所以东南沿海这种人口密集、经济较为发达的地区成了组织卖淫团伙发展的温床。

与毒品犯罪相似,组织卖淫也是各地黑社会性质组织实施的主要犯罪之一,也是很多黑社会性质组织的主要盈利渠道之一。根据组织、领导、参加黑社会性质组织罪的相关数据,江苏、浙江、广东、福建等东南沿海省份,既是组织、领导、参加黑社会性质组织罪的高发地,也是组织、强迫、引诱、容留、介绍卖淫罪的高发地,在一定程度上体现了两种犯罪具有一定的联动性。

根据以上特点,针对这种有严密组织和公司制的组织卖淫团伙,治理的难

点主要集中在其具有隐蔽性,一般难以透过其表面正规公司的掩护,识破其卖淫团伙的真面目,又因其一般有黑社会性质组织的庇护,收集证据进行打击的效果并不好,如东莞在扫黄行动中就曾发现很多涉嫌组织卖淫的酒店、娱乐场所与当地的黑社会性质组织有所联系。在这种情况下,大规模持续且强力的扫黄打黑行动会收获较好的短期收益,但最根本的是加强社会管理和治安管理力度,而且从根本上解决低学历、社会闲散人员的就业、生活问题,发展基础教育,才能长远地减少此类犯罪的发生率。

第七节 组织、领导、参加黑社会性质组织罪发生指数

一、组织、领导、参加黑社会性质组织罪发案总数排名及分析

我们统计了各省级行政区 2017 年组织、领导、参加黑社会性质组织罪的数据,共计 24 件,平均每个地区仅有 0.77 件,案件数很少。如图 2 - 7 - 1 所示,判决案件数最多的三个地区分别是江苏、河南与江西,分别为 7 件、6 件以及 2 件,第一、二名与第三名的差距较大。2017 年全国仅有 12 个省级行政区

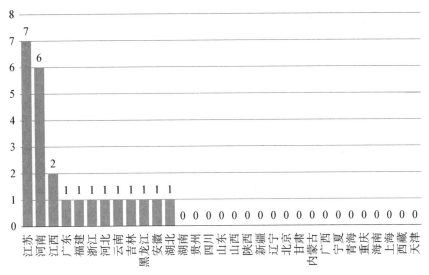

图 2 - 7 - 1　各省级行政区组织、领导、参加黑社会性质组织罪发案数柱状图

有组织、领导、参加黑社会性质组织罪的案件，其余省级行政区为 0 件。在全国的犯案数展现出总体不均衡、各地区之间差异巨大的状态，案件数总体较少，主要集中在少数几个省级行政区。

表 2-7-1 各省级行政区组织、领导、参加黑社会性质组织罪案件数排名

省/市/自治区	案件数	省/市/自治区	案件数
江苏	7	陕西	0
河南	6	广西	0
江西	2	甘肃	0
云南	1	山西	0
广东	1	山东	0
浙江	1	辽宁	0
湖北	1	内蒙古	0
福建	1	重庆	0
安徽	1	青海	0
吉林	1	海南	0
黑龙江	1	北京	0
河北	1	宁夏	0
四川	0	上海	0
贵州	0	西藏	0
新疆	0	天津	0
湖南	0		

二、组织、领导、参加黑社会性质组织罪每百万人口发案数排名及分析

在分析图 2-7-1 所示的组织、领导、参加黑社会性质组织罪发案总数后，此处再来看各省级行政区每百万人口组织、领导、参加黑社会性质组织罪的发案数。只有 12 个省级行政区有相应案件，各省之间案件数量差距并不是很大。图 2-7-2 是 2017 年组织、领导、参加黑社会性质组织罪在各省级行政区的每百万人口发生数统计，结合图 2-7-1 的数据分析，来比对、衡量各省级行政区的平安程度。广东在图 2-7-1 中排名并列第五，而图 2-7-2 中发案率为最低的 0.01，体现出根据人口密度衡量平安程度后，广东的黑社会性质犯罪

发案率并不高。由于案件数较少,各省之间案件数量差距相对较小,发案率的特点并不明显。江苏和河南的案件数最多,人口数量差距不大,发案率也相对较高。根据数据,我们可以发现,中东部地区黑社会性质组织犯罪的情势较西部地区复杂。

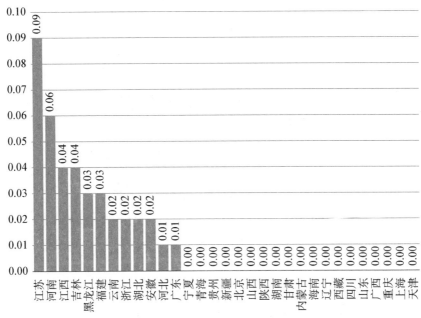

图 2-7-2 各省级行政区每百万人口组织、领导、参加黑社会性质组织罪发案数

表 2-7-2　　　　各省级行政区每百万人口发案数

省/市/自治区	每百万人口案件数	省/市/自治区	每百万人口案件数
江苏	0.09	河北	0.01
河南	0.06	广东	0.01
江西	0.04	新疆	0.00
吉林	0.04	贵州	0.00
黑龙江	0.03	青海	0.00
福建	0.03	四川	0.00
云南	0.02	甘肃	0.00
浙江	0.02	海南	0.00
湖北	0.02	陕西	0.00
安徽	0.02	宁夏	0.00

续表

省/市/自治区	每百万人口案件数	省/市/自治区	每百万人口案件数
内蒙古	0.00	北京	0.00
山西	0.00	重庆	0.00
广西	0.00	山东	0.00
湖南	0.00	上海	0.00
辽宁	0.00	天津	0.00
西藏	0.00		

表2-7-3 各省级行政区案件数与每百万人口案件数排名名次差

省/市/自治区	案件数排名	每百万人口案件数排名	名次差
江苏	1	1	0
河南	2	2	0
江西	3	3	0
云南	4	7	3
广东	5	12	7
浙江	5	8	3
湖北	5	9	4
福建	5	6	1
安徽	5	10	5
吉林	5	4	−1
黑龙江	5	5	0
河北	5	11	6
四川	—	—	—
贵州	—	—	—
新疆	—	—	—
湖南	—	—	—
陕西	—	—	—
广西	—	—	—
甘肃	—	—	—
山西	—	—	—
山东	—	—	—
辽宁	—	—	—
内蒙古	—	—	—
重庆	—	—	—
青海	—	—	—

续表

省/市/自治区	案件数排名	每百万人口案件数排名	名次差
海南	—	—	—
北京	—	—	—
宁夏	—	—	—
上海	—	—	—
西藏	—	—	—
天津	—	—	—

三、组织、领导、参加黑社会性质组织罪的分布特点及产生原因

随着改革开放,我国从计划经济逐渐向社会主义市场经济转变,社会生产生活也发生着天翻地覆的变化,经济发展的不平衡和财富分配的不合理,城乡差别、失业、收入分配差距等问题,使得各种利益主体之间的矛盾逐渐出现。那些远离财富和权力、社会地位较低的群体,有些便逐步变得悲观消沉、愤世嫉俗,对现实强烈不满,由于找不到正当途径解决,犯罪便成为他们对社会不公的病态矫正方式之一,于是一些人由弱转恶、由恶转黑。我国黑社会性质犯罪出现得相对较晚,从20世纪80年代开始,在广东、湖南等地出现类似黑社会性质组织的犯罪,并逐渐由南往北、由沿海向内地纵深推进。

由于此类犯罪出现较晚,我国1997年《刑法》才将黑社会性质组织犯罪写入刑法,至今也仅有二十余年的时间。2002年4月28日,全国人大常委会通过了《全国人民代表大会常务委员会关于〈中华人民共和国刑法〉第294条第一款的解释》,重新对"黑社会性质的组织特征"进行了界定。该立法解释规定《刑法》第294条第一款规定的"黑社会性质组织"应当同时具备以下特征:"(一)形成较为稳定的犯罪组织,人数较多,有明确的组织者领导者,骨干成员基本固定;(二)有组织地通过违法犯罪活动或者其他手段获取经济利益,具有一定的经济实力,以支持该组织的活动;(三)以暴力、威胁或者其他手段,有组织地多次进行违法犯罪活动,为非作恶,欺压、残害群众;(四)通过实施违法犯罪活动,或者利用国家工作人员的包庇或者纵容,称霸一方,在一定区域内或者行业内,形成非法控制或者重大影响,严重破坏经济、社会生活秩序。

现阶段,我国处于经济转轨、社会转型的特殊历史时期,社会矛盾凸显,刑事犯罪高发频发,黑社会性质组织滋生的土壤未得到有效净化,黑社会性质组织犯罪仍处于活跃期、危险期。组织、领导、参加黑社会性质组织罪往往与其他多种类型犯罪相关联,且多为严重侵害法益、扰乱社会秩序的案件类型,审理的涉黑案件往往多达十几个罪名,被告人多。并且近年来,涉黑组织向更深领域扩张发展,牟取经济利益最大化。从黄、赌、毒、枪等非法行业到采砂、建筑、开矿、交通等传统行业,再到物流、非法高利放贷平台等新领域,黑社会性质组织涉及的领域越来越广。近年盛行的校园贷、现金贷、套路贷,也多有黑恶势力背景。目前黑社会性质组织也加强自身的隐蔽性,在组织形式方面,黑社会性质组织从帮派化向公司化、企业化转变,对外注重塑造自身合法形象,组织头目由台前转向幕后,如在刘汉等人涉黑案中,即以四川汉龙(集团)有限公司掩饰其黑社会性质组织面貌,同时以公司运营为由发展人员、隐藏非法利益;另一方面,在犯罪手段方面,黑社会性质组织从低级的打杀砍绑等直接暴力手段,逐渐转向采用言语威胁、跟踪滋扰、协商、谈判等软暴力手段,获取非法利益,且更擅于运用智能手段隐藏甚至消除作案痕迹,为发现及查办案件、固定证据制造诸多障碍。

据统计,2015 年至 2016 年间,全国审结的涉黑犯罪刑事一审案件中,开设赌场、涉枪、涉毒在非法敛财惯用手段中排名前三,分别占比 36.99％、20.62％、19.97％。① 而根据《中国法律年鉴》近十年来对涉赌、涉枪、涉毒治安案件的统计数据可知,相关治安案件发现受理总数呈逐年上升态势。这也意味着黑社会性质组织犯罪与组织卖淫类犯罪、毒品犯罪、买卖枪支犯罪都存在着联系。

根据本课题调研的数据来看,2017 年中级以上人民法院审理的组织、领导、参加黑社会性质组织案件并不多,全国总共只有 24 件,其中一半以上在江苏省和河南省,西部地区基本上没有相关案件。2018 年 1 月,中共中央、国务院发布的《关于开展扫黑除恶专项斗争的通知》指出,为深入贯彻落实党的十九大部署和习近平总书记重要指示精神,保障人民安居乐业、社会安定有序、国家长治久安,进一步巩固党的执政基础,党中央、国务院决定,在全国开展扫黑除恶专项斗争。扫黑除恶专项斗争开展以来,陕西打掉 202 个涉黑恶团伙,

---

① 数据来源于人民法院大数据管理和服务平台,http://data. court. gov. cn/pages/uploadDetails. html? keyword＝司法大数据专题报告之涉黑犯罪. pdf,访问于 2020 年 2 月 9 日。

广东打掉涉黑恶团伙 130 多个,河南打掉 121 个涉黑恶团伙,山东打掉 68 个涉黑恶团伙,辽宁大连打掉涉黑恶团伙 60 个,等等。预计未来几年,各省份办理的涉黑犯罪数量会有较为明显的增长。

四、组织、领导、参加黑社会性质组织罪的治理重点

打黑除恶专项斗争是当下我国刑事司法工作中的重点。我国不同地区的黑社会性质组织的产生原因和背景不尽相同,城市和乡村的黑恶势力形成、运行和治理的方式也不同。根据前文总结的目前我国黑社会性质组织犯罪的特点,以及我国具体国情,打击黑社会性质组织犯罪,应从大处着眼,从小处入手,消除黑社会性质组织犯罪产生的社会环境,宏观调控,微观把握,全面防治黑社会性质组织犯罪。

大多数黑社会性质组织犯罪的成员受教育程度较低,这是他们加入黑社会性质组织并且从事犯罪活动的一个重要原因。社会普通民众的力量是巨大的,经积极引导,极有可能成为黑社会性质组织犯罪的最大抵抗者。黑社会性质犯罪涉及毒品、卖淫、贩卖人口、放高利贷等行为。虽然黑社会性质的犯罪以暴力、恐吓、贿赂等手段作为其实现目的的工具,但现实生活中,黑社会性质的犯罪组织往往会以这样或那样的身份掩盖自己的行为。因此,必须通过宣传教育使民众了解黑社会性质犯罪组织的特征、危害,提高防范黑社会性质犯罪的意识。普通民众对于黑社会性质犯罪主要有两种看法:一种是认识不足并缺乏警惕性。持这种看法的人们通常认为黑社会是发生在境外、国外的事情,在国内业已成为历史,在现实生活中是个陌生或遥远的话题,或者即使有黑社会,也不过是一些乌合之众,成不了什么气候。另一种看法则是对黑社会存在过激的反应。这类民众往往对黑社会性质犯罪有所耳闻或曾是其被害人,因而存在恐惧心理。产生这类看法的主要原因在于反黑宣传不够。因此,加强反黑宣传教育,提高民众反黑意识是防治黑社会性质犯罪的关键环节之一。

旅馆业、文化娱乐场所等经营场所是黑社会性质组织犯罪容易滋生的地方,也是黑社会性质组织积极渗透的场所。黑社会性质组织通常以卖淫嫖娼、制黄贩黄、吸毒贩毒、聚众赌博等犯罪活动支持其生存并且不断做大。为了更好地打击黑社会性质组织犯罪,我们要从根本上遏制其赖以生存的基础。执法人员要严把从业人员审查关,对于涉足和经营此类场所和行业的从业人员的背景要仔细审查,如果是曾经从事过有关的黑社会性质组织活动的人员,治

安部门要密切监督,并且及时加以调查控制;同时执法人员要坚持经常性的治安检查,坚持不懈地开展禁毒、扫黄打非的斗争,一旦发现违法犯罪活动,要及时打击处理,从根本上铲除黑社会性质组织犯罪赖以生存的土壤。

第八节 严重犯罪案发的相关性分析

严重犯罪发生的相关性需要结合其他因素进行多角度、多层次分析。在既有可选择的数据范围内,本部分所选取预测变量有经济发展水平、受教育水平和城市化水平等方面。

一、严重犯罪案发的相关性整体分析

（一）GDP 与重罪发案率相关性分析

GDP 是指在一定时期内(一个季度或一年),一个国家或地区的经济中所生产出的全部最终产品和劳务的价值,常被公认为衡量国家或地区经济状况的最佳指标。一个省级行政区的 GDP 不但可反映该地区的经济实力,也一定程度上代表了一个地区的整体发达程度。

如表 2-8-1 所示,每百万人口八类重罪案件数与 GDP 的 Pearson 相关系数绝对值为 0.252,落至弱相关,负表示二者呈负相关,即该地区内 GDP 越高,每百万人口八类严重犯罪数越少,反之亦然。再来分析各省级行政区每百万人口严重犯罪数排名与 GDP 排名的差值,二者差比为 GDP 名次减去每百万人口重案数名次,正值越大,代表治理效果越好;负值的绝对值越大,代表治理八类严重犯罪的经济投入仍需加强。如表 2-8-2 显示,个别省级行政区 GDP 在全国范围内的排名与八类严重犯罪案发数的排名差距仍然较大。呈现负值的省级行政区先后为山东(-26)、江苏(-23)、河南(-21)、河北(-20)、上海(-19)、湖北(-14)、天津(-13)、安徽(-11)、广东(-11)、湖南(-10)、重庆(-10)、北京(-10)、浙江(-5)、江西(-4)、广西(-4)、辽宁(-3)。

表 2-8-1　　　　　GDP 与重案发生率的相关系数

GDP 与每百万人口八类严重犯罪平均案发数的相关系数	-0.252

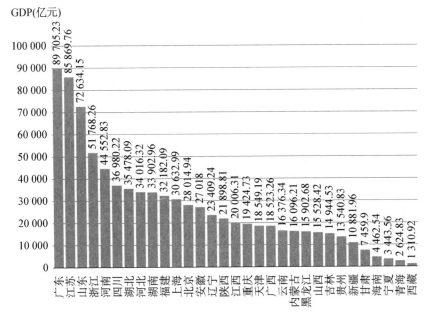

图 2-8-1 各省级行政区 GDP 柱状图

表 2-8-2 各省级行政区每百万人口严重犯罪数名次与 GDP 名次对比

省/自治区/直辖市	每百万人口严重犯罪数名次	GDP 名次	差比	省/自治区/直辖/市	每百万人口严重犯罪数名次	GDP 名次	差比
云南	1	20	19	辽宁	17	14	−3
贵州	2	25	23	西藏	18	31	13
新疆	3	26	23	湖南	19	9	−10
吉林	4	24	20	江西	20	16	−4
青海	5	30	15	湖北	21	7	−14
甘肃	6	27	21	北京	22	12	−10
内蒙古	7	21	14	广西	23	19	−4
宁夏	8	29	21	安徽	24	13	−11
浙江	9	4	−5	江苏	25	2	−23
福建	10	10	0	河南	26	5	−21
山西	11	23	12	重庆	27	17	−10
广东	12	1	−11	河北	28	8	−20
四川	13	6	−7	山东	29	3	−26
陕西	14	15	1	上海	30	11	−19
黑龙江	15	22	7	天津	31	18	−13
海南	16	28	12				

（二）人均 GDP 与重罪发案率相关性分析

人均 GDP 即人均国内生产总值,是以某地区一定时期国内生产总值(现价)除以同时期平均人口所得出的结果。人均国内生产总值是人们了解和把握一个国家或地区的宏观经济运行状况的有效工具,常作为发展经济学中衡量经济发展状况的指标,是最重要的宏观经济指标之一。

如表 2-8-3 所示,每百万人口八类重罪案件数与人均 GDP 的 Pearson 相关系数绝对值为-0.362,落至弱相关,负则表示二者呈负相关,即该地区人均 GDP 越高,每百万人口八类严重犯罪数越少,反之,人均 GDP 越低,每百万人口八类严重犯罪数越多。

表 2-8-3 人均 GDP 与重案发生率的相关系数

人均 GDP 与每百万人口八类严重犯罪平均案件发生数的相关系数	-0.362

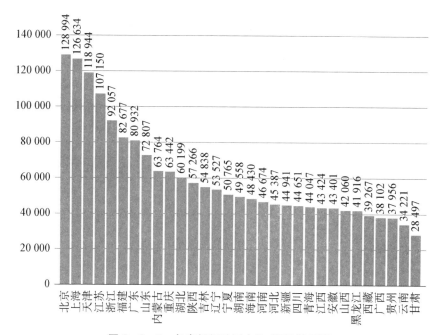

图 2-8-2 各省级行政区人均 GDP 柱状图

再来分析各省级行政区每百万人口严重犯罪数排名与人均 GDP 排名的差值,二者差比为人均 GDP 名次减去每百万人口重案数名次,正值越大,代表治理效果越好;负值的绝对值越大,代表治理八类严重犯罪的经济投入仍需加强。如表 2-8-4 显示,呈现负值的省级行政区先后为上海(-28)、天津(-28)、北京(-21)、江苏(-21)、山东(-21)、重庆(-17)、湖北(-10)、河北(-9)、河南(-8)、广东(-5)、浙江(-4)、福建(-4)、辽宁(-3)、湖南(-3)、陕西(-2)。从差值中可以看出,我国许多人均 GDP 排名靠前的地区往往更加需要加强对治理八类严重犯罪的经济投入。

表 2-8-4　各省级行政区每百万人口严重犯罪数名次与人均 GDP 名次对比

省/自治区/直辖市	每百万人口严重犯罪数名次	人均 GDP 名次	差比	省/自治区/直辖市	每百万人口严重犯罪数名次	人均 GDP 名次	差比
云南	1	30	29	辽宁	17	14	-3
贵州	2	29	27	西藏	18	27	9
新疆	3	20	17	湖南	19	16	-3
吉林	4	13	9	江西	20	23	3
青海	5	22	17	湖北	21	11	-10
甘肃	6	31	25	北京	22	1	-21
内蒙古	7	9	2	广西	23	28	5
宁夏	8	15	7	安徽	24	24	0
浙江	9	5	-4	江苏	25	4	-21
福建	10	6	-4	河南	26	18	-8
山西	11	25	14	重庆	27	10	-17
广东	12	7	-5	河北	28	19	-9
四川	13	21	8	山东	29	8	-21
陕西	14	12	-2	上海	30	2	-28
黑龙江	15	26	11	天津	31	3	-28
海南	16	17	1				

(三) 城镇人口比与重罪发案率相关性分析

如表 2-8-5 显示,每百万人口严重犯罪案件数与城镇人口比例的 Pearson 相关系数值为-0.366,落至弱相关,负表示二者呈负相关,即该地区内城镇人口比例越高,每百万人口严重犯罪数越少,反之亦然。

城镇化是经济发展的必然产物,是社会现代化的重要内容和标志,城镇化的发展使人们的生活方式出现重大变化,原有社会结构瓦解,城市生活对现代人有着十分巨大的吸引力。在社会分层与社会结构转型方面，改革开放以来，我国社会成员重新分化与组合，随着人口乡城流动规模的空前扩大，人们由"单位人"逐渐转变为"社会人"，与原有社会结构相适应的社会控制与社会约束体系的制约作用日益削弱，而与新的社会结构相适应的社会控制与社会约束体系尚未完全建立起来，在这种社会转型变革的状态下，导致了乡城流动人口犯罪率升高的现象。

在此社会背景下，想要加强对严重犯罪的预防和整治，亟待解决的问题是城镇与农村贫富差距的问题和外来人口安置的问题。从犯罪学的理论上看，个体在外界环境因素的压力和内在因素的驱使下逐渐形成犯罪倾向。但犯罪倾向是否能够最终实现还要看有无适当的条件和机会。这种条件和机会是个体从事一定活动时所遇到的具有独特的即时性的因素。如果缺少了它，再强烈的犯罪倾向也不能付诸实施。因此，缩小城乡差距，妥善安置外来人口，为外来人口提供良好的就业、住房、教育机会，是减少一个地区外来人口严重犯罪发案率的有效措施。

表 2-8-5　　　　　　城镇人口比与重罪发案率相关系数

城镇人口比与每百万人口平均重罪发生率的相关系数	-0.366

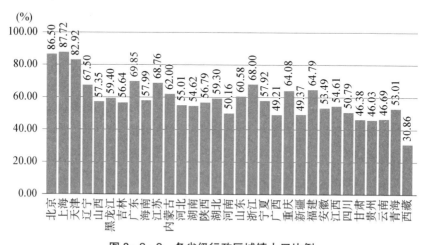

图 2-8-3　各省级行政区城镇人口比例

（四）义务教育率与重罪发案率相关性分析

如表 2-8-6 显示，每百万人口严重犯罪案件数与城镇人口比例的 Pearson 相关系数值为－0.356，落至弱相关，负值指表示二者呈负相关，即该地区内义务教育率越高，每百万人口严重犯罪数越少，反之亦然。

表 2-8-6　　　　　义务教育率与重罪发案率的相关系数

义务教育率与每百万人口重罪发案率的相关系数	－0.356

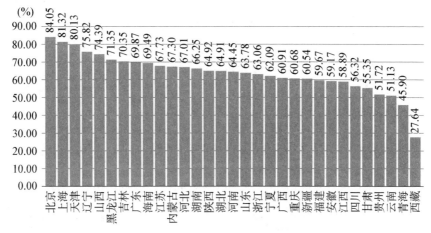

图 2-8-4　各省级行政区义务教育比例柱状图

受教育程度影响犯罪率的原因在于，教育能够增加犯罪的机会成本对犯罪产生的威慑效应。作为形成人力资本主渠道的教育，除了可以把简单劳动变成复杂劳动，使体力劳动转化为脑力劳动，同时增强劳动者的劳动转换能力外，另一方面还可以帮助一部分脑力劳动者在知识经济时代的背景下，及时更新其知识技能和结构，帮助他们提升自身的人力资本含量，提高社会地位，实现个人更高的合法的预期收益，过上更为体面的生活。如果受到惩罚，那么将预示着高学历的犯罪人会丧失比其他人更多的经济利益、社会地位及造成更严重的心理伤害，这就无疑提高了他们的犯罪机会成本；而学历低的犯罪人受到监禁时则损失的机会成本要相应小得多。所以，犯罪人受教育程度的高低与能否发挥教育的威慑作用从而减少和抑制犯罪存在一定的联系。并且，受教育程度越高的地区居民整体素质较高，就业情况相对较好，居民整体生活水平相对较好,社会较为稳定,犯罪率相对较低。反之,受教育水平较低的地区,由于居民整体素质偏低,产业结构落后,就业情况不好,从而导致居民生活水平较低,社会不稳定,犯罪率激增。

义务教育率与严重犯罪发案率的相关系数的绝对值在所有存在相关性的系数中较大,也就是说义务教育率与严重犯罪发案率的相关性较大。提高义务教育普及率对于一个地区的社会综合治理水平的意义是巨大而长远的。大力促进义务教育的普及,提高义务教育的质量,是减少严重犯罪发案率,提高社会稳定性和平安程度的重要举措。

二、抢劫罪案发的相关性分析

（一）GDP 与抢劫罪的相关性分析

如表 2-8-7 所示,每百万人口入室抢劫数与 GDP 的 Pearson 相关系数值为－0.261,落至弱相关。

表 2-8-7　　　　　每百万人口抢劫罪案件数与 GDP 相关系数

每百万人口抢劫罪案件数与 GDP 相关系数	－0.261

抢劫行为并非是非理性的,相反,犯罪主体正是基于理性的考量而采取一种暴力方式进行抢劫的。其对犯罪的考量因素主要是犯罪成本与收益,当犯罪成本小于犯罪收益时,受痛苦与快乐主宰的理性人将"利益最大化"为行为原则而趋于犯罪。

下面列出表格来加以说明各个省级行政区每百万人口的抢劫罪案件数与GDP 的对比情况,从而对其进一步深入分析。

表 2-8-8　　　各省级行政区每百万人口抢劫罪案件数名次与 GDP 名次对比

省/自治区/直辖市	每百万人口抢劫数名次	GDP 名次	差比	省/自治区/直辖市	每百万人口抢劫数名次	GDP 名次	差比
宁夏	1	29	28	吉林	4	24	20
青海	2	30	28	贵州	5	25	20
福建	3	10	7	新疆	6	26	20

续表

省/自治区/直辖市	每百万人口抢劫数名次	GDP 名次	差比	省/自治区/直辖市	每百万人口抢劫数名次	GDP 名次	差比
江西	7	16	9	辽宁	20	14	－6
北京	8	12	4	安徽	21	13	－8
浙江	9	4	－5	西藏	22	31	9
广东	10	1	－9	湖北	23	7	－16
山西	11	23	12	四川	24	6	－18
黑龙江	12	22	10	河北	25	8	－17
云南	13	20	7	山东	26	3	－23
陕西	14	15	1	江苏	27	2	－25
湖南	15	9	－6	广西	28	19	－9
甘肃	16	27	11	重庆	29	17	－12
内蒙古	17	21	4	上海	30	11	－19
河南	18	5	－13	天津	31	18	－13
海南	19	28	9				

如上表 2-8-8 所示：少数省级行政区 GDP 在全国范围内的排名与抢劫案件数的排名差距仍然较大。其中每百万人口抢劫数为由少到多排序，GDP 为由高到低对应排列，二者差比为 GDP 名次减去每百万人口抢劫数名次，正值越大，代表该地区对抢劫打击防范效果越佳；负值的绝对值越大，表示对于缺乏打击抢劫的程度以及在该地区对于社会治安投入的忽视。从表 2-8-8 可看出，呈现负值的省级行政区为浙江（－5）、广东（－9）、湖南（－6）、河南（－13）、辽宁（－6）、安徽（－8）、湖北（－16）、四川（－18）、河北（－17）、山东（－23）、江苏（－25）、广西（－9）、重庆（－12）、上海（－19）、天津（－13），以上地区对抢劫行为的打击力度有待加强。再有，宁夏（28）、青海（28）、福建（7）、吉林（20）、贵州（20）、新疆（20）、江西（9）、北京（4）、山西（12）、黑龙江（10）、云南（7）、陕西（1）、甘肃（11）、内蒙古（4）、海南（9）等地对抢劫行为的打击力度、控制手段较为有效。比对两图，我们不难发现，GDP 的高低对抢劫罪的影响并不那么明显，相对而言，受其他因素影响要更为深刻。

（二）人均 GDP 与抢劫罪发案率相关性分析

如表 2-8-9 所展现的那样，每百万人口抢劫罪案件数与人均 GDP 的

Pearson 相关系数绝对值为—0.195,存在极弱相关或无相关关系。这说明抢劫罪的发生与当地人均 GDP 的多少并没有直接的重要影响关系,抢劫罪的发生可能受其他因素的影响较人均 GDP 的影响更大。

表 2-8-9　　每百万人口抢劫罪案件数与人均 GDP 相关系数

每百万人口抢劫罪案件数与人均 GDP 相关系数	—0.195

(三) 城镇人口比例与抢劫的相关性及分析

如表 2-8-10 所展现的那样,每百万人口抢劫罪案件数与城镇人口比例的 Pearson 相关系数绝对值为—0.156,存在极弱相关或无相关关系。城镇化会引起社会的变迁,犯罪滋生的缝隙得以存在,尤其是不平衡不协调的城镇化更是如此,这种变化会带来社会结构、文化心理等因素的局部动荡,从而影响到如抢劫这类犯罪的发生数量。

表 2-8-10　　每百万人口抢劫罪案件数与城镇人口比例相关系数

每百万人口抢劫罪案件数与城镇人口比例相关系数	—0.156

当然,抢劫案件的发生数量、发案率的高低也是由多方面因素综合作用的结果,虽然城镇化能够起到一定作用,但对于区域性犯罪率分析而言,还需要关注人口密度、民风民俗,交通网络、青少年人口、第三产业发展程度等因素,要进一步加强对城镇化过程中相关因素的研究分析,才能更有效治理抢劫犯罪。

(四) 义务教育率与抢劫的相关性及分析

可以看出,表 2-8-11 所示每百万人口抢劫罪案件数与义务教育率比例的 Pearson 相关系数绝对值为—0.23,落至弱相关。由于我国实行的是九年制义务教育,因此这二者在逻辑判断上也是相呼应的,但是从二者的相关系数我们可以推断,义务教育程度对抢劫罪发案数没有特别重要的直接影响。

表 2-8-11　　每百万人口抢劫罪案件数与义务教育率相关系数

每百万人口抢劫罪案件数与义务教育率相关系数	—0.23

三、故意伤害罪案发的相关性分析

(一)GDP 与故意伤害犯罪案件的相关性分析

故意伤害罪作为侵害人身权利的一种犯罪,直觉上可能会认为与 GDP 相关性并不大,但数据结论却与通常的认知相反。如表 2-8-12 所示,每百万人口故意伤害数与 GDP 的相关系数值为 -0.516,呈现中等负相关关系,这说明GDP 越高的地区每百万人口故意伤害罪数越少。

表 2-8-12　　　　每百万人口故意伤害罪数与 GDP 相关系数

每百万人口故意伤害罪数与 GDP 相关系数	-0.516

社会的不均衡发展、财富的不均衡分配必然造成文化和社会结构之间产生的社会紧张,处于这种紧张社会之中的下层民众尤其容易产生受剥削感强烈,不公正感带来的紧张情绪,促使他们通过制度外的方式来获得财富、荣誉和自尊等,其中一些人便可能走向犯罪。此外,GDP 越低的地区,由于经济发展水平的局限,居民收入水平也相对较低,政府的财政相对拮据,能够投入到社会治理上的预算极为有限,警力的投入、预防犯罪的设施的配备等都较经济发达地区有一定差距,从而间接导致犯罪频发。

表 2-8-13 各省市每百万人口故意伤害罪数名次与 GDP 名次对比

省/自治区/直辖市	每百万人口故意伤害罪数名次	GDP 名次	差比	省/自治区/直辖市	每百万人口故意伤害罪数名次	GDP 名次	差比
宁夏	9	29	20	内蒙古	8	21	13
青海	3	30	27	河南	24	5	-19
福建	11	10	-1	海南	13	28	15
吉林	5	24	19	辽宁	15	14	-1
贵州	2	25	23	安徽	28	13	-15
新疆	12	26	14	西藏	14	31	17
江西	18	16	-2	湖北	20	7	-13
北京	7	12	5	四川	22	6	-16
浙江	21	4	-17	河北	25	8	-17

续表

省/自治区/直辖市	每百万人口故意伤害罪数名次	GDP 名次	差比	省/自治区/直辖市	每百万人口故意伤害罪数名次	GDP 名次	差比
广东	19	1	−18	山东	29	3	−26
山西	6	23	17	江苏	27	2	−25
黑龙江	17	22	5	广西	23	19	−4
云南	4	20	16	重庆	26	17	−9
陕西	10	15	5	上海	31	11	−20
湖南	16	9	−7	天津	30	18	−12
甘肃	1	27	26				

结合"每百万人口故意伤害数排名"与"GDP 排名"加以分析说明，其中每百万人口故意伤害罪数由少到多排序，GDP 为由高到低进行排列，此两项数值需由 GDP 名次减去每百万人口故意伤害罪数名次。正值越大，表明该地区对于故意伤害行为的防范和治理越到位，负值的绝对值越大，表明该地区需要更多投入到对故意伤害的约束、监管、防范以及惩治。从表 2-8-13 可以看到，呈现负值的地区有福建（−1）、江西（−2）、浙江（−17）、广东（−18）、湖南（−7）、河南（−19）、辽宁（−1）、安徽（−15）、湖北（−13）、四川（−16）、河北（−17）、山东（−26）、江苏（−25）、广西（−4）、上海（−20）、天津（−12）。

（二）人均 GDP 与故意伤害罪发案率相关性分析

如表 2-8-14 所体现的那样，每百万人口故意伤害罪数与人均 GDP 的 Pearson 相关系数绝对值为 −0.457，存在中等程度相关关系。说明人均 GDP 的多少对故意伤害罪数的发生是有较大影响的，且二者呈现出负相关关系，即该地区人均 GDP 越高，该地区每百万人口故意伤害罪数越少，该地区人均 GDP 越低，该地区每百万人口故意伤害罪数越多。

表 2-8-14　　每百万人口故意伤害罪数与人均 GDP 相关系数

每百万人口故意伤害罪数与人均 GDP 相关系数	−0.457

表 2-8-15　各省级行政区每百万人口故意伤害罪数名次与人均 GDP 名次对比

省/自治区/直辖市	每百万人口故意伤害罪数名次	人均 GDP 名次	差比	省/自治区/直辖市	每百万人口故意伤害罪数名次	人均 GDP 名次	差比
云南	4	30	26	辽宁	15	14	−1
贵州	2	29	27	西藏	14	27	13
新疆	12	20	8	湖南	16	16	0
吉林	5	13	8	江西	18	23	5
青海	3	22	19	湖北	20	11	−9
甘肃	1	31	30	北京	7	1	−6
内蒙古	8	9	1	广西	23	28	5
宁夏	9	15	6	安徽	28	24	−4
浙江	21	5	−16	江苏	27	4	−23
福建	11	6	−5	河南	24	18	−6
山西	6	25	19	重庆	26	10	−16
广东	19	7	−12	河北	25	19	−6
四川	22	21	−1	山东	29	8	−21
陕西	10	12	2	上海	31	2	−29
黑龙江	17	26	9	天津	30	3	−27
海南	13	17	4				

结合"每百万人口故意伤害数排名"与"人均 GDP 排名"加以分析说明,此两项数值需由人均 GDP 名次减去每百万人口故意伤害罪数名次。正值越大,表明该地区对于故意伤害行为的防范和治理越到位,负值的绝对值越大,表明该地区需要更多投入到对故意伤害的约束、监管、防范以及惩治。从表 2-8-15 可以看到,呈现负值的地区依次为上海(−29)、天津(−27)、江苏(−23)、山东(−21)、浙江(−16)、重庆(−16)、广东(−12)、湖北(−9)、北京(−6)、河北(−6)、河南(−6)、福建(−5)、安徽(−4)、辽宁(−1)、四川(−1)。从差值中可以看到,不少经济发达的省级行政区对故意伤害的防范和治理不是很到位,需要加大投入进行进一步的约束和惩治。

(三) 城镇人口比例与故意伤害犯罪案件的相关性分析

如表 2-8-16 所体现的那样,每百万人口故意伤害罪数与城镇人口比例的 Pearson 相关系数绝对值为−0.416,存在中等程度相关关系。说明城镇人口数量的多少对故意伤害罪数的发生是有较大影响的,且二者呈现出负相关关系。

表 2-8-16 每百万人口故意伤害罪数与城镇人口比例的相关系数

每百万人口故意伤害罪数与城镇人口比例的相关系数	-0.416

(四) 义务教育率与故意伤害犯罪案件的相关性分析

义务教育率体现的是一个地区基础教育的程度,如表 2-8-17 所示,每百万人口故意伤害罪数与义务教育率比例的 Pearson 相关系数绝对值为 -0.321,落入弱相关。这说明义务教育程度与故意伤害罪有负相关性,即义务教育率越低,故意犯罪发案率越高。但该相关性不是很强,故意伤害犯罪的发生与义务教育的程度并没有强的联系。

表 2-8-17 每百万人口故意伤害罪数与义务教育率的相关系数

每百万人口故意伤害罪数与义务教育率的相关系数	-0.321

四、走私、贩卖、运输、制造毒品罪案发的相关性分析

课题组将本研究中分析的所有与走私、贩卖、运输、制造毒品罪可能相关的数据进行了相关性系数的分析,最后得出的结果如表 2-8-18。由于相关系数的绝对值越大,相关性越强:相关系数越接近于 1 或 -1,相关度越强,相关系数越接近于 0,相关度越弱。通常情况下通过以下取值范围判断变量的相关强度:相关系数为 0.8—1.0 表示极强相关;相关系数为 0.6—0.8 表示强相关;相关系数为 0.4—0.6 表示中等程度相关;相关系数为 0.2—0.4 表示弱相关;相关系数为 0.0—0.2 表示极弱相关或无相关。在这组数据中可以发现,走私、贩卖、运输、制造毒品罪与人均 GDP、城镇人口比、人均可支配收入、义务教育率和高等教育率分别存在弱相关关系,由于人均 GDP、人均可支配收入、城镇人口比均属于经济发展水平的体现,义务教育率与高等教育率能够体现当地居民受教育程度与人口素质,由此我们推断,走私、贩卖、运输、制造毒品罪与当地经济发展水平和居民受教育程度(或者教育发展水平)有微弱负相关性。即经济发展水平越差与教育发展水平越低的地区,毒品犯罪发案率越高。

表 2-8-18　　走私、贩卖、运输、制造毒品罪发案率相关性系数

	GDP（亿元）	人均GDP（元）	城镇人口比例（%）	抚养比（%）	人均可支配收入（元）	义务教育比（%）	高等教育（%）	城镇失业率（%）
走私、贩卖、运输、制造毒品罪（每百万人）	−0.137	−0.264	−0.283	0.02	−0.215	−0.299	−0.203	−0.047

以前文分析过的云南地区毒品犯罪多发的原因为例，由于特殊的地缘因素，云南地区地处我国西南边境，地处云贵高原，处在我国第一阶梯与第二阶梯的过渡地带，地理环境复杂多变，地势险峻，平原少，且在云南省西南部国边境地带有三江并流，交通不便，导致云南地区经济并不发达，难以发展大规模的农业，在一些边远山区和边境地带贫困人口较多，又难以通过传统农业养家糊口，种植毒品原材料和贩毒、制毒可以为当地居民带来高额利润，为了取得回报，当地居民会冒高风险进行毒品犯罪，以此类推，一些经济不发达地区毒品犯罪高发的原因也是如此。这也是毒品犯罪与经济发展水平存在相关性的部分原因。

前文我们分析过教育与犯罪的关系，接受教育程度较高的地区有正当职业的人员占比较大，社会较为稳定，且犯罪对于拥有正当职业的高学历者来说成本更高。以云南地区的毒品犯罪情况为例，由于云南地区居民受教育程度较低，很多人对毒品犯罪的危害没有相关认识，对吸毒、贩毒行为容忍度较高，同时由于受教育程度较低，难以得到稳定的工作，为了养家糊口而进行毒品犯罪。新疆地区作为我国毒品高发地区之一，由于少数民族文化差异和经济发展欠发达等原因，义务教育率和高等教育率较中东部地区低，一些过早进入社会但又无法得到正当工作的青少年受到贩毒团伙的蛊惑，从而参与了毒品的运输和贩卖的活动中，以求获得报酬养家糊口。这都是教育与毒品犯罪率存在负相关的直观表现。

从犯罪学理论的方向考虑，犯罪分子的犯罪行为是天生就有的吗？美国犯罪学家萨瑟兰提出了一个著名的理论——差别交往理论——来解释犯罪人的行为。他认为犯罪行为就像其他行为一样都是通过学习而获得的。对犯罪行为的价值认知、犯罪技巧、犯罪组织内部人际沟通方式等都是学习的内容。萨瑟兰的理论对解释毒品犯罪的一些现象具有较强的说服力。对我国毒品犯

罪的有关研究发现,很多涉嫌毒品犯罪的人员属于青少年,而这些青少年犯罪成员的犯罪社会化的途径往往是通过电影、小说等大众传播媒介和身边人的耳濡目染实现的,由于缺乏正确的引导,这些青少年认为毒品是彰显自己与众不同和人生态度的方式,差别交往理论给我们分析毒品犯罪提供了理论依据。既然犯罪行为是通过犯罪亚文化的传播实现的,那么,阻断了犯罪亚文化也就可以预防青少年解除毒品犯罪的可能。因此,应通过教育引导,让青少年接触正向文化,正确理解犯罪的意义和性质,营造出适合青少年成长的文化氛围和环境,积极弘扬社会主义核心价值观,阻断青少年学习犯罪手段或行为的渠道,从而减少青少年犯罪。这也体现出了教育引导在犯罪的防治中起到的关键作用,体现出教育与毒品犯罪有着一定相关性。

五、组织、领导、参加黑社会性质组织罪案发的相关性分析

表 2 - 8 - 19 中列举了本研究中所有组织、领导、参加黑社会性质组织罪发案率的相关系数,其中仅有 GDP 与黑社会性质犯罪具有中等的正相关性,即当地 GDP 越高,黑社会性质犯罪发案率越高,这与公众一般的设想并不相符。由于组织、领导、参加黑社会性质组织罪的案件总数相对较少,总数仅有 24 件,且全国只有 12 个省份有相关案件,根据少量案件做出的相关性分析可能存在一定的偶然性。黑社会性质犯罪案件数较多的几个省份有江苏、河南、江西、云南、广东的,其中 GDP 较高的省份就有江苏、广东,所以这种偶然性会在一定程度上影响相关系数。所以,组织、领导、参加黑社会性质组织罪发案率是否与 GDP 呈正相关还不能完全确定。

表 2 - 8 - 19　组织、领导、参加黑社会性质组织罪案发的相关系数

	GDP（亿元）	人均GDP(元)	城镇人口比例（%）	抚养比（%）	人均可支配收入（元）	义务教育比（%）	高等教育（%）	城镇失业率（%）
组织、领导、参加黑社会性质组织（每百万人）	0.447	0.11	0.007	0.084	0.016	0.042	−0.174	−0.001

从黑社会性质犯罪产生的原因来看,很大程度上是由于经济方面的原因。

由于目前我国对弱势群体保障和监管仍有缺失,因社会、经济、地域传统等多种原因,一些地区出现了由刑满释放人员、社会闲散人员等一些原本弱势群体组成的社会边缘人群。这些人不具备基本的职业技能,缺少正常的社会生存能力。由于各种原因,他们没有固定职业,没有稳定收入,没有正式单位,没有医疗保障等,社会对他们的有效关爱和管控不足。这些人群对抗社会、漠视法律、崇尚所谓的江湖义气,以恶为荣,属于社会的不安定因素。他们中有人发展势力,且逐步壮大,成为黑社会性质的组织者、领导者,有人被别人拉拢、利诱,加入到黑社会性质组织中。

在数据表现出黑社会犯罪与经济相关的情况下,从经济方面着手治理黑社会性质组织犯罪更能从根本上解决问题。

第一,可以扩大就业、完善就业政策。黑社会性质组织犯罪的成员绝大部分都是无业游民,没有工作,因此,我们要坚持实施积极的就业政策,把扩大就业摆在防治黑社会组织犯罪的突出位置。首先,在企业方面,根据国内外的经验表明,中小企业在促进经济发展中起了非常重要的作用,因此,我们要充分发挥政府的调控作用,以多种方式促进中小企业发展。对于集中过量裁员的企业给予一定的经济处罚等;其次,规范劳动力市场秩序,改革体制障碍,推进劳动力结构性转移,使其适应劳动力供求结构的新变化。要减少农村剩余劳动力向城镇转移的阻力,坚决抵制对农民的歧视性政策;保证全体劳动者通过合法途径享有充分的就业机会,促使劳动力资源得到最优化的配置并在整个社会运行中的效益得到充分发挥,从而可以避免适龄劳动者因失业和生活所迫走上犯罪道路;要以政府和社会力量为主,规范职业介绍与职业培训。基本就业信息的发布、就业指导等项服务应由各级政府无偿提供,鼓励劳动者自主创业和自谋职业。

第二,应当建立合理的分配政策,减少贫富差距。由于引发黑社会性质组织犯罪的原因之一为广泛的社会利益冲突,故防范措施应着力于调和、缓解或者消除社会矛盾。社会主义市场经济体制使我国确立了以按劳分配为主体、多种分配方式并存的分配制度。从经济发展角度看,这必然会使一部分人先富起来,有利于社会的富裕、发展。但是,由此也会导致收入差距的拉开,这就不利于社会的稳定及可持续发展。为了缩小这种收入差距,我们应着力提高低收入者的收入水平,对低收入者要正确引导,通过开发式扶贫,用自己的劳动致富。同时,建立健全较为完善的社会保障体系,保障低收入群体的生活稳定,施行合理分配制度,减轻低收入人群的仇视心理和对立情绪。逐步扩大中等收入者比重,有效调节过高收入,对高收入者在一些特殊的消费上实行高税收政策,鼓励其关怀社会福利事业和贫困阶层的人们。增强人们对社会的信任感和依赖感,减轻社会的压力,从源头上遏制滋生黑社会性质组织犯罪的土壤。

六、组织、强迫、引诱、容留、介绍卖淫罪案发的相关性分析

表2-8-20中列举了组织、强迫、引诱、容留、介绍卖淫罪发案率的相关系数。其中我们可以发现,义务教育率和高等教育率与组织、强迫、引诱、容留、介绍卖淫罪发案率有微弱负相关,即义务教育率和高等教育率越低,组织、强迫、引诱、容留、介绍卖淫罪发案率越高。由于义务教育率与高等教育率都与当地居民受教育水平相关,所以我们可以推断,当地居民受教育水平越高,组织卖淫类犯罪发生率越低。

表2-8-20   组织、强迫、引诱、容留、介绍卖淫罪相关系数

	GDP（亿元）	人均GDP（元）	城镇人口比例（%）	抚养比（%）	人均可支配收入（元）	义务教育比（%）	高等教育（%）	城镇失业率（%）
组织、强迫、引诱、容留、介绍卖淫罪（每百万人）	0.026	−0.068	−0.258	0.174	−0.092	−0.370	−0.203	−0.093

受教育程度与组织、强迫、引诱、容留、介绍卖淫罪的相关性主要体现在居民受教育水平和人口素质对当地相关产业的影响上。居民受教育水平较高的地区,发展的产业多为技术密集型产业和产值相对较高的产业,其从业人员素质较高,社会地位和收入水平较高,进行组织卖淫类犯罪的人员相对较少。且高学历人群更容易获得稳定的工作,从事卖淫行业的人员也会相对较少。而对于居民受教育程度较低的地区,人口较多的地区一般发展劳动密集型产业,外来务工人员较多,为组织卖淫类犯罪提供了发展的市场和参与者。

第三章　常见多发案件发生指数

第一节　数据选取说明

常见多发案件的指数与人民群众的安全感息息相关，因此对常见多发案件的研究显得尤为必要。首先对本次样本进行说明：上一年度的研究是针对2016年全国各省市、自治区中级以上人民法院的6 968份刑事判决书进行了分析。本年度是在上一年的基础上将样本扩大至2017年的15 437份，对相关数据进行持续追踪。同时在入户盗窃犯罪、电信诈骗犯罪和交通肇事罪以外，增加四个新的罪名，分别是聚众斗殴罪、寻衅滋事罪、赌博罪以及开设赌场罪。

本年度比照上一年度增加四个新的罪名，一方面是四个新增加的罪名本身具有典型性，另一方面，旨在在更多数据样本的支撑下，对客观犯罪数据进行考察，从而综合评判各地区的平安建设情况。增加新的典型罪名，更能够集中体现地区平安趋势，规避偶发性的数据现象。对上述七类案件的选择，也是建立在案件性质与地区平安建设状况的相关性基础上，各个案件选取的具体理由如下：

入户盗窃是与群众安全感息息相关的传统典型犯罪。根据《最高人民法院、最高人民检察院关于办理盗窃刑事案件适用法律若干问题的解释》，非法进入供他人家庭生活，与外界相对隔离的住所盗窃的，应当认定为"入户盗窃"。① 就从入户盗窃的概念解释来看，入户盗窃犯罪突破的房屋界限已经直接威胁到群众生活环境的稳定性。与此同时入户盗窃犯罪也极易发生转化，转变成性质更为恶劣的抢劫、杀人、强奸等严重犯罪。因此，入户盗窃犯罪的发生频率及其相关性直接影响着人民群众的生活期待感。大数据背景下的互

---

① 张明楷：《刑法学》（下），法律出版社2016年版，第953页。

联网使用在带来科技飞速发展的同时，也给某些犯罪提供了滋生新型手段的温床。其中以电信诈骗犯罪为例，电信诈骗犯罪脱胎于传统的诈骗罪，是日常生活中最普遍的诈骗类型。电信诈骗利用繁杂的网络技术实施难以预防的骗术，潜在对象根本无法进行确切统计，无疑给公安部门的案件侦破增加了难度。近年来针对电信诈骗类犯罪，政府宣传部门已经进行了很多教育普及和防范工作，但层出不穷的诈骗手段仍然造成了较为恶劣的后果，切实影响到了群众的安全感。近年来伴随经济发展，个人汽车的保有量也一直出于不断攀升当中，一定程度上也造成了交通肇事案件多发频发的可能。交通肇事会对群众的人身安全与财产安全造成难以恢复的损失。交通肇事案件的发生直接关系到人民群众的出行安全，道路状况的安全与否也影响到群众的安全感。此外，考虑到社会稳定性因素，选取了聚众斗殴罪和寻衅滋事罪这两个典型罪名。因为这两个罪都直接妨害到社会管理秩序，同时涉及人数众多。因此，这两类罪发生频率的高低也势必会影响到群众的安全感。最后，选取了赌博罪与开设赌场罪这两个涉案范围较大、涉及人数较多的典型犯罪。赌博罪与开设赌场罪也会直接妨害社会管理秩序，这两类罪的案发指数同样会影响着群众的安全感。

综上，作为常发案件，我们选取了入户盗窃犯罪、电信诈骗犯罪、交通肇事罪、聚众斗殴罪、寻衅滋事、赌博罪以及开设赌场罪七类案件，对各省市区案件的总量进行排名。同时考虑到各省级行政区人口密度各有不同，相关差异较大，将每百万人口发案数也纳入衡量体系，并在此数据基础上进行原因以及相关性的分析。上述七类案件的信息筛选，因为同时涉及了机器的初级筛选和人工的深层次甄别，有必要对案件的筛选过程进行简要说明。首先，交通肇事罪、聚众斗殴罪、寻衅滋事罪、赌博罪以及开设赌场罪均为单独罪名，能够直接在数据库中通过筛选案由从而进行提取。对于这五类案件的数据分析能够借助于机器进行筛选，而入户盗窃、电信诈骗这两类罪名由于在判决书中并不必然进行完整表述，因此不能由机器直接筛选，需要人工详细阅读查看判决书进行甄别。

第二节　入户盗窃罪发生指数

一、入户盗窃罪发案总数排名及分析

课题组首先从最直观的数据排名比较入手，根据各省、市、自治区中级以

上人民法院判决的入户盗窃犯罪案件数进行总量排名,并形成直观的表格,以反映各地区的平安状况程度。

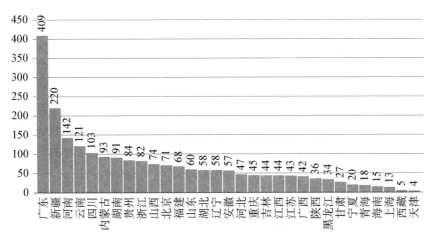

图3-2-1　各省级行政区入户盗窃罪发案数柱状图

通过统计 2017 年全国中级及以上人民法院所公布的判决书,提取入户盗窃犯罪最终的案件数量为 2 229 件。而这其中案件数量最多的三个地区依次为:广东、新疆与河南地区,广东省入户盗窃犯罪案件数高达 409 件,云南与四川地区紧随其后,案件数量分别为 142、121 件;其中入户盗窃犯罪案发数最少的城市为天津市,仅有 4 件,与之相邻的地区是上海与西藏,案件数分别为 13 件和 5 件。通过比对数据组中与上海毗邻的海南与西藏地区的案件数,考量到人口密度的巨大差异,可见上海在城市安全方面的保障工作卓有成效。其中,除却最为突出的广东地区,各地区案件呈现出正偏态分布的形式,入户盗窃犯罪案件多发地区集中于东南沿海以及人口基数较大的地区。

国内将分布图称作为犯罪热点,而犯罪热点不过是犯罪密度的高值区域,量化空间相关性可选择犯罪密度为测量对象,从把握空间因素对犯罪密度的影响入手。与人口密度类似,犯罪密度是单位面积内的犯罪数量,是准确反映犯罪空间分布及犯罪聚集程度的指标。[①] 但如果单纯依靠案件总数进行排名,获得的参考意义较为狭窄,因此进一步将人口纳入衡量参数,得到犯罪密度。

———————————

① 单勇:《犯罪热点成因:基于空间相关性的解释》,《中国法学》2016 年第 2 期。

与 2016 年数据统计相比,2017 年入户盗窃犯罪的案发总数呈现大幅度增长趋势,由 2016 年的 303 件增长至 2 229 件,达到百分之七百的增长率。这一现象背后也与经济增长相挂钩,同时考虑到电子支付方式和监控的普及,普通盗窃的难度较大,因此犯罪人更倾向于选择入户盗窃这一方式。

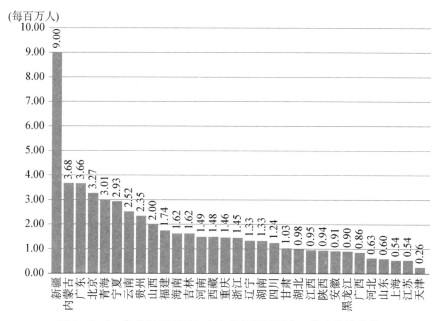

图 3-2-2 各省级行政区入户盗窃罪每百万人口发案数柱状图

二、入户盗窃罪每百万人口发案数排名及分析

根据入户盗窃犯罪案的案件数量以及各地区人口数量,能够计算出每百万人口的案发数。而采取这一计算方式,将每百万人口数的发案数进行排名相较于各地区案件数的直接排名,能够更为科学地反映出当地的平安状况。

经过数据统计所得出的图 3-2-2 呈现如上,不难发现排名较图 3-2-1 产生了变动。排名前三位的地区依次为新疆、内蒙古以及广东地区,较为明显产生变动的是广东地区,从图 3-2-1 中的第一位下滑至图 3-2-2 的第三位。尽管广东地区的入户盗窃犯罪案件总量为 409 件,但基于该地区人口数高达 11 000 万,因此在进行数据处理之后排名低于新疆及内蒙古地区。新疆以及内蒙古地区的案件总数不到广东地区案件总数的二分之一,但基于人口密度的悬殊在图 3-2-2 中超越了广东地区;排名后三位的地区依次是上海、天津以及江苏。对于入户盗窃犯罪的数据进行针对性的分析,有利于在全国范围内精细划分出重点打击地区,进行司法资源的有效配置。

表 3-2-1　各省级行政区案件总数排名与每百万人口发案数排名对比

省/自治区/直辖市	案件总数排名	每百万人口发生数排名	名次差	省/自治区/直辖市	案件总数排名	每百万人口发生数排名	名次差
广东	1	3	2	河北	17	27	10
新疆	2	1	−1	重庆	18	15	−3
河南	3	13	10	吉林	19	12	−7
云南	4	7	3	江西	19	22	3
四川	5	19	14	江苏	21	30	9
内蒙古	6	2	−4	广西	22	26	4
湖南	7	18	11	陕西	23	23	0
贵州	8	8	0	黑龙江	24	25	1
浙江	9	16	7	甘肃	25	20	−5
山西	10	9	−1	宁夏	26	6	−20
北京	11	4	−7	青海	27	5	−22
福建	12	10	−2	海南	28	11	−17
山东	13	28	15	上海	29	29	0
湖北	14	21	7	西藏	30	14	−16
辽宁	14	17	3	天津	31	31	0
安徽	16	24	8				

　　为了进一步更为直观地体现排位变化,在此列出表 3-2-1 进行对比。名次差为每百万人口发生数排名减去案件总量排名的结果,名次差为正代表实际每百万人口案件发生数少,为负则代表每百万人口案件发生数多,而绝对数值越大则代表数据受该地区人口数量影响越大。接下来列出绝对值来衡量变动比,这其中绝对值大于 10 的地区有:河南(10)、四川(14)、湖南(11)、山东(15)、河北(10)、宁夏(−20)、青海(−22)、海南(−17)以及西藏(−16)。这其中,正值代表着尽管地区案件总量较多,但因为人口基数庞大,进行处理之后并不必然因为案发数频繁而显得不平安;相反负值显示的情况则是这一类地

区尽管案件数量少,但因为人口基数也相对而言较少,因此每百万人口案发数的排名会相对靠前,也是属于易多发需要重点保护的地区。

<h2 style="text-align:center">第三节 电信诈骗罪发生指数</h2>

一、电信诈骗罪发案总数排名及分析

数据统计显示,就 2017 年全国各省、自治区、直辖市中级及以上人民法院判决的电信诈骗案件总量为 1 100 件,其中案发总量排名前三的地区依次是浙江、江苏、福建,这三个地区的案件总量都超过两位数,高达 127、118、110 件。不难发现电信诈骗案件发案主要集中在东南沿海经济较为发达的地区,而案发数极为微量的地区分别是海南省、西藏自治区、青海省和天津市这四个行政区划,案发数均在五件以下。电信诈骗案件发生的地区分布几乎与各地区经济发展水平相挂钩,这样的案发数呈现的地区特点与电信诈骗犯罪本身的性质有关,电信诈骗属于经济类犯罪,因而在经济发达的地区更易多发频发。在这样的总趋势下,上海、天津的案发总量仍然保持在个位数,可见社会治安更为安全,平安指数更高。

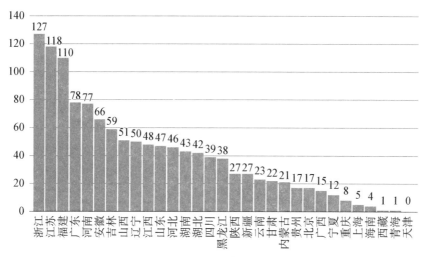

图 3-3-1 各省级行政区电信诈骗罪发案数柱状图

二、电信诈骗罪每百万人口发案数排名及分析

正如前文所言,仅仅从案件总量的绝对数值进行地区平安状况及社会治理状况的衡量,是过于片面的。因此,为了完善数据衡量的角度,将各地区人口数也作为排名衡量标准,根据电信诈骗类各地区的案件总量,结合各地区人口数量处理之后,形成每百万人口案发数的排名柱状图。从图3-3-2来看,福建省、浙江省仍然占据前列,吉林省、江苏省、山西省的排名位次发生了细微变化,重庆市、上海市、青海省、天津市的每百万人口案发数排名最末。值得关注的是,在两张图表比照中,天津综合下来无疑是最令人感到安全的地区。在此数据的处理进程中,人口数量的多寡是影响此排名变化的唯一因素,因此人口基数大的某些区域在处理后排名位次会较之前靠后。根据图表可知,每百万人口案件发生率较高的省级行政区总体上平安状况需要改善,如福建、浙江等地,而每百万人口案件发生率较低且案件总数较少的省级行政区平安状况较好,例如天津、上海等地区。

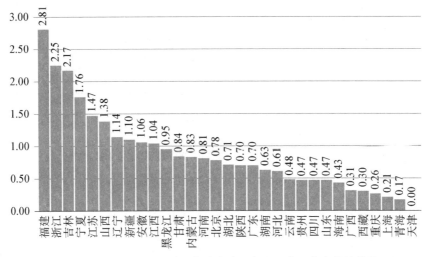

图3-3-2　各省级行政区电信诈骗罪每百万人口发案数柱状图

为了进一步说明各地平安情况,同样列出表3-3-1进行比对,名次差为每百万人口发生数排名减去案件总量排名的结果,名次差为正代表实际每百万人口发生数少,为负则代表每百万人口发生数越多,绝对数值越大代表受该

地区人口数量影响越大。这其中,绝对数值大于10的地区有:广东(14)、山东(13)、新疆(—10)、宁夏(—21)。这几类地区受到人口密度的影响比较大,因此在警力等资源配置上也应当相应地有所调整。

表3-3-1 各省级行政区案件总数排名与每百万人口发案数排名对比

省/自治区/直辖市	案件总数排名	每百万人口发生数排名	名次差	省/自治区/直辖市	案件总数排名	每百万人口发生数排名	名次差
浙江	1	2	1	陕西	17	17	0
江苏	2	5	3	新疆	18	8	—10
福建	3	1	—2	云南	19	21	2
广东	4	18	14	甘肃	20	12	—8
河南	5	14	9	内蒙古	21	13	—8
安徽	6	9	3	贵州	22	22	0
吉林	7	3	—4	北京	23	15	—8
山西	8	6	—2	广西	24	26	2
辽宁	9	7	—2	宁夏	25	4	—21
江西	10	10	0	重庆	26	28	2
山东	11	24	13	上海	27	29	2
河北	12	20	8	海南	28	25	—3
湖南	13	19	6	西藏	29	27	—2
湖北	14	16	2	青海	30	30	0
四川	15	23	8	天津	31	31	0

第四节 交通肇事罪发生指数

一、交通肇事罪发案总数排名及分析

从图3-4-1中可得出,就2017年全国各省、自治区、直辖市中级及以上人民法院公布的交通肇事案件总量为1 317件,其中排名前五的地区分别是新疆、河南、山东、河北、广东,除新疆、河南突破百位数以外,其余地区基本上呈现个位数递减的形式分布,比较典型的显现出发案较为集中的地区为华中地区和西北地区以外。与2016年数据相比,2017年案件总量没有明显增加,从

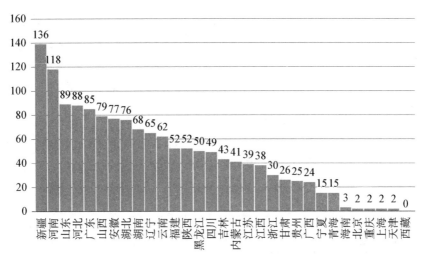

图 3-4-1 交通肇事罪发案数柱状图

1026 件增加至 1317 件，总体而言控制在较小的增幅内。值得注意的是北京市、重庆市、上海市、天津市等四个直辖市交通肇事案发数仅在 2 例，相较而言，无疑这四个地区的交通治安状况较为良好，平安指数更高。

二、交通肇事罪每百万人口发案数排名及分析

从图 3-4-2 可知，交通肇事案件每百万人口案发数排名一、二位的分别

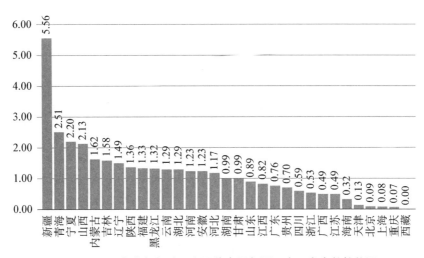

图 3-4-2 各省级行政区交通肇事罪每百万人口发案数柱状图

是新疆、青海地区,尽管该类地区地广人稀,但由于天然的地形因素限制以及规则意识教育的缺乏,而造成交通肇事案件多发的局面,这些地区的交通管制以及公共治安方面更需要重点关注。与预计相反的是,经济发达交通流量较大的地区,例如北京、上海等地区,交通肇事案件案发数极少,可以归功于当地政府的教育管制以及规则意识的积极培养。

第五节　聚众斗殴罪发生指数

一、聚众斗殴罪案发总数排名及分析

从图3-5-1中可以看出,2017年全国各省、自治区、直辖市中级及以上人民法院公布的聚众斗殴案件总量为385件。案件总量排名前十的地区之间差距极小,几乎均为一件之差。聚众斗殴案件较前三类案件来说,总量不足400件,这与该案件的性质密切相关,聚众斗殴罪规定在刑法分则第六章妨害社会管理秩序罪的第一节扰乱公共秩序罪中,侵犯的客体是公共秩序。数据显示,聚众斗殴案件集中多发于华东、华中、华南地区,华北地区的案发数则较少,显然华北地区的治安管理更见成效。

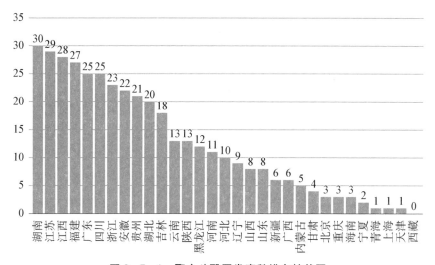

图3-5-1　聚众斗殴罪发案数排名柱状图

二、聚众斗殴罪每百万人口发案数排名及分析

从图 3-5-2 可得知,经过每百万人案发数的数据处理之后,各地区排名产生了变动,原本在图 3-5-1 中排列第四位的福建省跃升至一位,而原本图 3-5-1 中占第一位的湖南省,由于其人口基数大而掉落至第五位,但仍然让人对该地区的安全状况感到忧虑。为了作出进一步对比说明,下列表 3-5-1 将对上述排名进行名次差对比。名次差为每百万人口发生数排名减去案件总量排名的结果,名次差为正代表实际每百万人口发生数少,为负则代表每百万人口发生数越多,绝对数值越大代表受该地区人口数量影响越大。

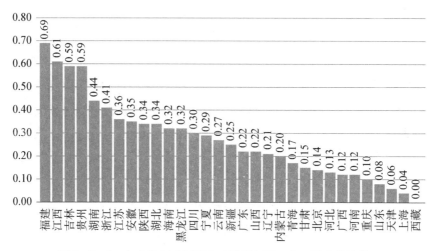

图 3-5-2 各省级行政区聚众斗殴罪每百万人口发案数柱状图

表 3-5-1 各省级行政区案件总数排名与每百万人口发案数排名对比

省/自治区/直辖市	案件总数排名	每百万人口发生数排名	名次差	省/自治区/直辖市	案件总数排名	每百万人口发生数排名	名次差
湖南	1	5	4	四川	6	13	7
江苏	2	7	5	浙江	7	6	-1
江西	3	2	-1	安徽	8	8	0
福建	4	1	-3	贵州	9	4	-5
广东	5	17	12	湖北	10	10	0

续表

省/自治区/直辖市	案件总数排名	每百万人口发生数排名	名次差	省/自治区/直辖市	案件总数排名	每百万人口发生数排名	名次差
吉林	11	3	−8	内蒙古	22	20	−2
云南	12	15	3	甘肃	23	22	−1
陕西	13	9	−4	北京	24	23	−1
黑龙江	14	12	−2	重庆	25	27	2
河南	15	26	11	海南	26	11	−15
河北	16	24	8	宁夏	27	14	−13
辽宁	17	19	2	青海	28	21	−7
山西	18	18	0	上海	29	30	1
山东	19	28	9	天津	30	29	−1
新疆	20	16	−4	西藏	31	31	0
广西	21	25	4				

从表3-5-1中可以得知，比对结果显示，绝对值大于等于10的地区有：广东(12)、河南(11)、海南(−15)和宁夏(−13)。正值表示该地区虽然案件数量多，但由于人口基数庞大，平安指数相对上升；负值表示该地区虽然案件数量少，但由于人口较少，平安指数相对下降。

第六节 寻衅滋事罪发生指数

一、寻衅滋事罪发案总数排名及分析

2017年全国共发生寻衅滋事罪807件，平均每个省级行政区26.03件。案件数最多的三个省级行政区分别是广东、河南和浙江省。前三名地区的相差数均在十位数以内，差距不太明显。案件数最少的省级行政区分别是天津、重庆、青海、上海和西藏，分别都在三件以下。值得关注的是，上海作为人口密度最大的省级行政区之一，该地区的寻衅滋事罪案件仅有1件。寻衅滋事罪在全国范围内发案数上总体呈现较为均衡的趋势，青海和西藏地区作为经济较为落后的典型，其发案数与天津、上海发达地区的寻衅滋事犯案率较为接近，而西南地区以及中部地区较东北地区犯案率也相对较多。

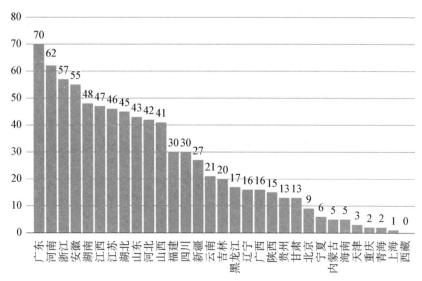

图 3-6-1　各省级行政区寻衅滋事罪发案数柱状图

二、寻衅滋事罪每百万人口发案数排名及分析

从图 3-6-2 中可知,结合 2017 年的寻衅滋事案件总量以及各省级行政

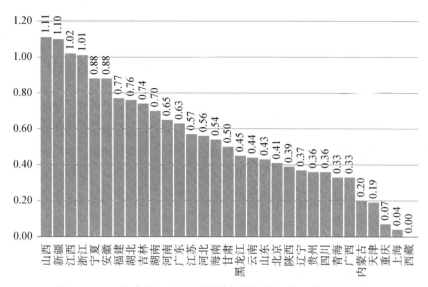

图 3-6-2　各省级行政区寻衅滋事罪每百万人口发生数柱状图

区的人口数,在数据处理之后能够进一步比对各地区的平安程度。山西、新疆在上图案件数排名中处于中位,但基于人口数较小而一跃跻身前列,原本案件总数排名第一的广东地区,由于其人口庞大而在每百万人口案发数表格中排名十二位。而天津、重庆、上海以及西藏地区经过两张表格的综合衡量,都体现出了较高的安全氛围。

表3-6-1　　各省级行政区案件总数排名与每百万人口发案数排名对比

省/自治区/直辖市	案件总数排名	每百万人口发生数排名	名次差	省/自治区/直辖市	案件总数排名	每百万人口发生数排名	名次差
广东	1	13	12	黑龙江	17	18	1
河南	2	12	10	辽宁	18	23	5
浙江	3	4	1	广西	19	26	7
安徽	4	6	2	陕西	20	22	2
湖南	5	11	6	贵州	21	24	3
江西	6	3	−3	甘肃	22	17	−5
江苏	7	14	7	北京	23	21	−2
湖北	8	8	0	宁夏	24	5	−19
山东	9	20	11	内蒙古	25	27	2
河北	10	15	5	海南	26	16	−10
山西	11	1	−10	天津	27	28	1
福建	12	7	−5	重庆	28	29	1
四川	13	25	12	青海	29	26	−3
新疆	14	2	−12	上海	30	30	0
云南	15	19	4	西藏	31	31	0
吉林	16	10	−6				

为进一步对比说明,上表将对两项排名进行对比,名次差为每百万人口发生数排名减去案件总量排名的结果,名次差为正代表实际每百万人口发生数少,为负则代表每百万人口发生数越多,绝对数值越大代表受该地区人口数量影响越大。绝对值大于等于10的地区有:广东(12)、河南(10)、山东(11)、山西(−10)、四川(12)、新疆(−12)、宁夏(−19)以及海南(−10)。正值表示尽管地区案件总量较多,但因为人口基数庞大,进行处理之后并不必然因为发案

数频繁而显得不平安;相反负值显示的情况则是这一类地区尽管案件数量少,但因为人口基数也相对而言较少,因此每百万人口发案数的排名会相对靠前,也就显得不那么平安。

第七节 赌博罪发生指数

一、赌博罪发案总数排名及分析

2017年全国中级及以上人民法院判决的赌博罪的案件数量总计151件,平均各省级行政区约有4.87件,判决案件数最多的地区依次为:浙江、江苏、广东、湖南,江西省与福建省均为11件并列第五,而云南、宁夏、海南、天津、青海、上海、西藏的案件数均为0,可见该类地区在禁赌方面管控较好,当然赌博罪与地区的经济水平状况息息相关。因此如果单凭案件数的绝对数值进行排名衡量地区安全程度较为片面,因此也同上述案件一样进一步将各地区人口纳入衡量参数。

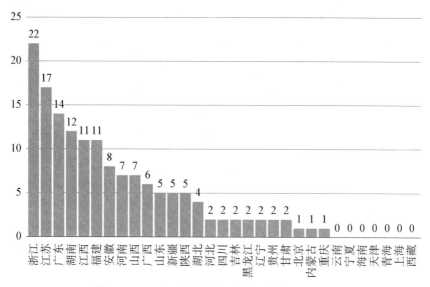

图3-7-1 各省级行政区赌博罪发案数柱状图

二、赌博罪每百万人口发案数排名及分析

根据图3-7-1案件数量,结合各地区人口数量,可得出每百万人口的发案数,也就是图3-7-2。该表格中排名发生明显变化的是广东地区,由于广东地区人口基数庞大,在经过数据处理之后,广东地区从由案件总量作为标准的图3-7-1中的第三位滑落至图3-7-2中的第十位,前述地区除广东以外变动不明显。赌博罪由于其自身与经济发展水平和地方习俗不可分割的关系,多集中于经济发达东南沿海地区以及中部地区。

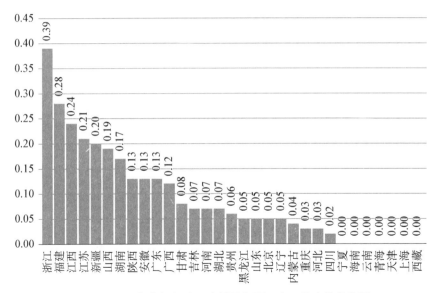

图3-7-2 各省级行政区赌博罪每百万人口发案数柱状图

表3-7-1 各省级行政区案件总数排名与每百万人口发案数排名对比

省/自治区/直辖市	案件总数排名	每百万人口发生数排名	名次差	省/自治区/直辖市	案件总数排名	每百万人口发生数排名	名次差
浙江	1	1	0	江西	5	3	-2
江苏	2	4	2	福建	6	2	-4
广东	3	10	7	河南	7	14	7
湖南	4	7	3	安徽	8	9	1

续表

省/自治区/直辖市	案件总数排名	每百万人口发生数排名	名次差	省/自治区/直辖市	案件总数排名	每百万人口发生数排名	名次差
山西	9	6	−3	甘肃	21	12	−9
广西	10	11	1	北京	22	19	−3
山东	11	18	7	内蒙古	23	21	−2
新疆	12	5	−7	重庆	24	22	−2
陕西	13	8	−5	云南	25	27	2
湖北	14	15	1	宁夏	26	25	−1
河北	15	23	8	海南	27	26	−1
四川	16	24	8	天津	28	29	1
吉林	17	13	−4	青海	29	28	−1
黑龙江	18	17	−1	上海	30	30	0
辽宁	19	20	1	西藏	31	31	0
贵州	20	16	−4				

为了进一步分析,我们列出表3-7-1对两项排名进行对比,通过案件总量与每百万人口数的差来衡量变动趋势。此处的名次差为每百万人口发生数排名减去案件总量排名的结果,名次差为正代表实际每百万人口发生数少,为负则代表每百万人口发生数越多,绝对数值越大代表受该地区人口数量影响越大。可见:绝对值大于5的地区有:广东(7)、河南(7)、山东(7)、新疆(−7)、陕西(−5)、河北(8)、四川(8)以及甘肃(−9)。

第八节　开设赌场罪发生指数

一、开设赌场罪发案总数排名及分析

根据对全国各省级行政区判决的案件统计,2017年全国中级及以上人民法院公布的开设赌场罪案件数量总计为409件。其中,浙江省判决的案件数最多,共计47件;福建省次之,共计44件;排名其后的各省级行政单位案件的发案率大体呈现阶梯式递减的趋势,值得关注的是内蒙古、宁夏、青海、西藏的开设赌场罪案件数均为0,这固然与该类地区的经济发展水平密切相关,同时

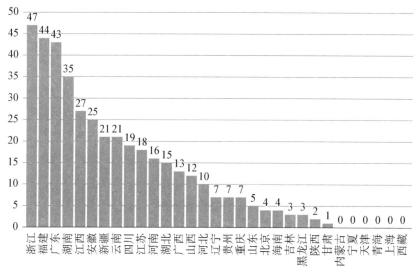

图3-8-1　各省级行政区开设赌场罪发案数柱状图

值得注意的是天津、上海作为经济较为发达的区域,发案数也保持在0件,可见平安建设水平更高,政府对于赌博的管理比较到位。随着信息网络时代的来临,网络赌博逐渐转化成为一种成本更低、惩治更难的赌博方式,今后如何强化对网络赌博、网上开设赌场行为的惩治,值得关注。

二、开设赌场罪每百万人口发案数排名及分析

单纯从案发总量来评价一个地区的平安状况以及社会治理状况,显得不够全面。因此,引入各地区的每百万人口数进行统计得出图3-8-2,也能够相对克服单一角度带来的局限性。从图3-8-2中,我们可以得知原本在案件总量排名第七位的新疆上升至第二位,这个排名变动的产生原因是新疆的人口基数较小,而原本排名第一的浙江地区则因为庞大的人口基数下滑至第三位。因此,引入每百万人口数来衡量地区的平安状况尤为必要。

为了进一步分析说明,对两项排名进行名次差对比,并通过表3-8-1来直观表现。此处的名次差为正代表实际每百万人口发生数少,为负则代表每百万人口发生数越多,绝对数值越大代表受该地区人口数量影响越大。可见绝对值大于等于5的地区有广东(6)、新疆(-5)、江苏(5)、河南(7)、河北(5)、山东(5)以及海南(-14)等地区。

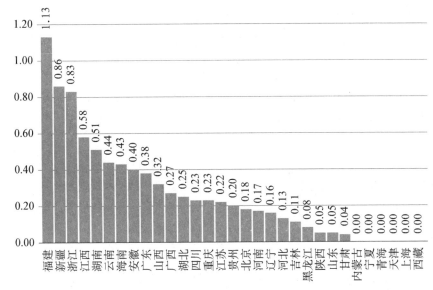

图3-8-2 各省级行政区开设赌场罪每百万人口发案数柱状图

表3-8-1 各省级行政区案件总数排名与每百万人口案发数排名对比

省/自治区/直辖市	案件总数排名	每百万人口发生数排名	名次差	省/自治区/直辖市	案件总数排名	每百万人口发生数排名	名次差
浙江	1	3	2	贵州	17	16	−1
福建	2	1	−1	重庆	18	14	−4
广东	3	9	6	山东	19	24	5
湖南	4	5	1	北京	20	17	−3
江西	5	4	−1	海南	21	7	−14
安徽	6	8	2	吉林	22	21	−1
新疆	7	2	−5	黑龙江	23	22	−1
云南	8	6	−2	陕西	24	23	−1
四川	9	13	4	甘肃	25	25	0
江苏	10	15	5	内蒙古	26	26	0
河南	11	18	7	宁夏	27	27	0
湖北	12	12	0	天津	28	29	1
广西	13	11	−2	青海	29	28	−1
山西	14	10	−4	上海	30	30	0
河北	15	20	5	西藏	31	31	0
辽宁	16	19	3				

第九节　常见多发犯罪案发的相关性分析

意大利犯罪学家菲利将犯罪原因分为人类学的、自然的和社会的三类,探究犯罪原因要综合分析,不能够只看单一维度。在常见多发案件的指数与平安程度的相关性问题上,同样需要进行多层次、多角度的考量。因此,本次课题组纳入了额外的预测变量,例如经济发展水平、受教育程度、城镇化水平等,希望通过数据分析发现犯罪发生相关联的因素,从而更准确、科学地认识犯罪,并在犯罪预防时做到真正的有的放矢,对犯罪源头采取有针对性的调整措施。

本书此处将电信诈骗罪、交通肇事罪、赌博罪以及开设赌场罪四类典型常见多发案件作为研究对象,考量与这四类犯罪相挂钩的预测变量。本次研究相关性的分析工具是 Pearson 相关系数。这一系数通过表明两个数据集合是否在一条曲线上来衡量定距变量间的线性关系。而相关系数的绝对值越大,那么代表着相关性越强:相关系数越接近于 1 或-1,则相关度越强;相关系数越接近 0,那么相关度就越弱。通常情况下通过以下取值范围判断变量的相关强度:相关系数在 0.8—1.0 之间,那么就表示极强相关;相关系数在 0.6—0.8 之间,那么就表示强相关;相关系数在 0.4—0.6 之间,那么就表示中等程度相关;相关系数在 0.2—0.4 之间,那么就表示弱相关;相关系数在 0.0—0.2 之间,就表示极弱相关或者无相关。另外本部分所选罪名的比对数据并非案件总量的绝对数,而是每百万人口发案数,选取原因在前文中已经表明,每百万人口发案数比案件总量的绝对数更能够综合反映各个地区的平安建设情况。

一、电信诈骗犯罪案发的相关性分析

目前对于影响电信诈骗犯罪相关因素的研究,已经从原有的微观或宏观的单一角度,转变为运用多层次框架来进行综合分析。这种综合考量的方式更有利于整合与分析,能够深层次地挖掘电信诈骗诱因的多方因素。通过数据研究,发现电信诈骗的特征和与其相关的因素,从而提供有效对策。

（一）人均 GDP、人均可支配收入与电信诈骗的相关性及分析

如表 3-9-1 所示，每百万人口电信诈骗数与 GDP 的 Pearson 相关系数值为 0.601，落至强相关区域，正表示二者呈正相关，即该地区内人均 GDP 越高，每百万人口电信诈骗数越多，反之亦然。

表 3-9-1　　　　每百万人口电信诈骗犯罪数与 GDP 相关系数

每百万人口电信诈骗犯罪数与人均 GDP 相关系数	0.601

从表 3-9-2 中可以得知，每百万人口电信诈骗数与人均可支配收入的 Pearson 相关系数值为 0.664，处于强相关区域，二者呈现正相关，也就是说该地区内人均可支配收入越高，每百万人口电信诈骗数越多。

表 3-9-2　每百万人口电信诈骗犯罪数与人均可支配收入相关系数

每百万人口电信诈骗犯罪数与人均可支配收入相关系数	0.664

电信诈骗实为诈骗罪的一种情形，本质是财产犯罪，与人均 GDP 以及人均可支配收入之间具有强相关是情理之中。电信诈骗是传统诈骗与现代通信技术相结合而产生的一种新的诈骗犯罪形式。与传统诈骗犯罪相比，此类案件的作案人通常不需要与受害人见面，但以非法占有为目的、用虚假事实或隐瞒真相的方法骗取财物的本质没有改变。[①] 尽管电信诈骗的作案手法，通常是利用现代化的通信技术而实施远距离作案，一定程度上并不与受害人正面接触，也不能够完全明确作案对象。但是，在挑选犯案区域上明显更倾向于经济发达的地区，因为其人均 GDP 以及人均可支配收入较高，更能够以低廉的成本去博取高额的诈骗金额。其次，电信诈骗往往借助于手机、电脑等外在手段，通常采取冒充公安局、检察院、法院工作人员诈骗，或打电话冒充当事人熟人诈骗，或采用虚假股票或投资理财"钓鱼"网站来进行诈骗。这些诈骗方式对网络普及程度要求较高，而贫困落后地区的网络普及相对滞后，也就无法成为电信诈骗的犯罪多发区域。再次，人均 GDP 以及人均可支配收入的增长，也会使得居民理财方式更为丰富，经济相对发达的地区居民更愿意去考虑股票、基金等多种投资方式。投资途径的丰富与扩大也使得犯罪分子更为有机

[①] 高锋：《手机短信诈骗犯罪的特点与类型分析》，《湖北警官学院学报》2006 年第 6 期。

可乘,以低投资高回报的幌子去达到诈骗目的。另外,经济较为发达的地区对于公民个人信息的泄露更为普遍。我国对公民个人信息的保护并不完善,个人信息泄露现象显得司空见惯,也给电信诈骗提供了犯罪途径,例如山东"徐玉玉案",犯罪嫌疑人陈某从杜某手中以每条 0.5 元的价格购买 1 800 多条高中毕业生资料,然后假冒教育局工作人员实施电话诈骗,造成了非常严重的后果,这也说明个人信息的泄露给犯罪分子提供了犯案的"靶目标"。当然,近年来各地区政府针对电信诈骗都进行了防范教育普及,也增加了各种渠道去加强人民群众对于电信诈骗手段的甄别,对于电信诈骗的防范也取得了一定的成效。因此,有关于人均 GDP 以及人均可支配收入的电信诈骗 Pearson 相关系数总体落在强正相关区域。

(二) 城镇人口比例与电信诈骗的相关性及分析

如表 3 - 9 - 3 显示,每百万人口电信诈骗数与城镇人口比例的 Pearson 相关系数绝对值为 0.512,落至中等程度相关,正表示二者呈正相关。

表 3 - 9 - 3　每百万人口电信诈骗犯罪数与城镇人口比例相关系数

每百万人口电信诈骗犯罪数与城镇人口比例相关系数	0.512

从上述的数据分析情况来看,电信诈骗犯罪有着极强的地域性特征。这与电信诈骗犯罪本身的沿革相关联。起初的电信诈骗是源自台湾,台湾的诈骗犯在大陆沿海地区设立窝点,发展同伙并且传授犯罪伎俩。随着时间推移,内地也逐渐掌握了电信诈骗的犯罪手法,也就从福建向广东、海南、湖南、湖北等区域推进。

2019 年 4 月 8 日,国家发改委发布了《2019 年新型城镇化建设重点任务》,提出了深化户籍制度改革、促进大中小城市协调发展等任务。这对于优化我国城镇化布局和形态,进而推动新型城镇化高质量发展具有重大的积极意义。而城镇化作为经济发展的必然产物,在我国的现代化进程中比率持续增加的同时也会引起社会环境的变化,会间接地引起犯罪率的变动。简单来说就是,城镇化的改变势必带来社会状态的波动,社会控制力会有一定减弱,而这样的变化则会增加犯罪滋生的可能。而随着城镇化进程的加快,犯罪分子在对于犯案区域的选择上会更倾向于人口密度大的区域,因此每百万人口电信诈骗犯罪数与城镇人口比例之间呈现中等程度的正相关。同时,近年来各地区针对电信诈骗的手段方式以及典型案例都进行了基础防范普及,一定程度上增强了人民群众的警惕心,因此并未呈现强相关,也反映了对于电信诈骗犯罪的基础工作取得了一定的成效。

(三)抚养比与电信诈骗的相关性及分析

从表3-9-4中可知,每百万人口电信诈骗数与抚养比的相关系数为-0.396,落至中等程度相关区域,并且是负相关。这就说明抚养比越高的地区,每百万人口电信诈骗犯罪的案发数越低。抚养比又称抚养系数,是指非劳动年龄人口对劳动年龄人口数之间的比率。而抚养比越大,就说明劳动力的人均承担抚养人数越多即抚养负担越重。通常,抚养比高的地区多集中于偏远山区,青壮年劳动力通常需要负担一家老小的所有开支。而这样的区域多为经济贫乏的地区,结合电信诈骗犯罪的经济性质,不难得出呈现负相关的结论。

表3-9-4　　　　每百万人电信诈骗犯罪数与抚养比相关系数

每百万人口电信诈骗犯罪数与抚养比相关系数	-0.396

(四)高等教育率与电信诈骗的相关性及分析

从表3-9-5中可知,每百万人口电信诈骗案发数与高等教育率的相关系数为-0.427,落至中等程度相关,正表示二者呈负相关,即表示高等教育率越高,每百万人口电信诈骗犯罪数案发越低,反之亦然。

表3-9-5　　　每百万人电信诈骗犯罪数与高等教育率相关系数

每百万人口电信诈骗犯罪数与高等教育率相关系数	-0.427

教育是实现人力资本的重要途径,Stephen教授进行了相关的实证检验得出了教育对于犯罪行为有着强烈的时间挤出效应。教育决定着人类的今天,也决定着人类的未来。教育是强国富民之本,是中华民族伟大复兴之本。党的十八大以来,我国从基础教育到高等教育的发展上,不断发展探索,积累经验总结教训去开辟新的道路。教育始终是提升人口素质的重要途径。我国在发展经济的同时,不断加大对高等教育的重视程度。因此,此处我们分析高等

教育同电信诈骗犯罪案发数之间的关系，高等教育的比率越高，电信诈骗犯罪的案发数越低，一定程度上能够表明教育能够有效减少犯罪。而现有研究文献表明，教育通过以下的几种渠道有效降低了犯罪的发生：其一，高等教育能够树立正确的价值观和成熟的法治观，也一定程度上提高了人们的人力资本和合法工资收益，这也就进一步提高了准备和实施犯罪的机会成本及犯罪分子被关押的机会成本；其二，接受高等教育所消耗的时间会相应地压缩人们可用于从事犯罪活动的时间资源，这一现象被称作教育的"隔离效应"；其三，高等教育提高了人们的道德标准，增加了犯罪的心理成本，劝诫人们远离犯罪；其四，教育还改变了人们的时间偏好和风险厌恶程度，进而提高了人们赋予的在犯罪后所受到的惩罚的权重。[1]

除此之外，高等教育之所以能够影响每百万人口电信诈骗的案发数，还有一个因素就是高等教育直接优化了公民的法治素养，拓宽了人们的眼界与定位，使得人们获取信息的渠道更为广泛。也就是说，有犯意的人能够认识到严重的犯罪后果，会更计较犯罪成本与风险。同时，对于电信诈骗类犯罪的打击愈演愈烈，更能够营造稳定平安的社会状况。

二、交通肇事罪案发的相关性分析

（一）GDP 与交通肇事案件数不具有相关性的原因分析

随着我国经济的持续发展，人均可支配收入不断增加，机动车保有量也在持续增加。而关于经济发展水平与交通肇事发生频数之间的关系，按照朴素的社会经验来看，两者之间应该呈现出正相关的关系，即经济发展水平越高，交通肇事发生的案件也越多。也就是说交通肇事罪在我们的预期当中，原本应当和经济发展水平挂钩，而最终经过数据分析呈现的结果为 -0.226，呈现基本不相关。因此，有必要对这一反常现象进一步深入分析。

表 3-9-6　　　　每百万人口交通肇事案件数与 GDP 相关系数

每百万人口交通肇事案件数与 GDP 相关系数	-0.266

交通领域内反映经济是否发达的一个重要指标就是各地区的汽车保有

---

[1] 陈刚、李树：《教育对犯罪率的影响研究》，《中国人口科学》2011 年第 3 期。

量。根据公安部交管局公布的全国机动车和驾驶人最新数据,可以得知 2019 年上半年全国汽车保有量达 2.5 亿辆,私家车高达 1.98 亿辆。其中,汽车保有量超过 200 万辆的城市有 29 个,超过 300 万辆城市有 11 个,依次是北京、成都、重庆、苏州、上海、郑州、深圳、西安、武汉、东莞、天津,而这其中北京、成都汽车保有量均超过 500 万辆。而结合交通肇事显现的高发地区多为新疆、宁夏、青海等经济不发达的地区,也与预想中的汽车保有量高低并不相关。因此,GDP 这一指标在与交通肇事的相关性分析上呈现不相关。当然汽车保有量占前列的经济发达地区,更注重交通管控的治理方面。因此,能够结合经验对交通状况进行有效的管制,降低交通肇事的案发率,也注重培养交通参与人规则意识的形成与发展。较经济贫困的地区而言,也就更能够创建良好的交通运行。

经济发展水平对犯罪的影响并不显著。一方面随着经济快速发展,收入差距逐渐缩小。车辆不再是城市专享的奢侈品,还是家家户户的必需品。另一方面发达地区对于"酒驾醉驾"实施了严查严打,也在一定程度上控制了交通肇事的案发率。

(二)高等教育率与交通肇事案件数的相关性及分析

每百万人口交通肇事案件数与高等教育率之间的相关系数为 -0.404,处于中等程度的负相关。也就是说高等教育程度越普遍,案发率越低,这也与我们预想的一致。接受高等教育的群体,他们的犯罪的机会成本会更高。因此,受高等教育的群体更少概率的选择犯罪。

表 3 - 9 - 7　每百万人口交通肇事案件数与高等教育率相关系数

每百万人口交通肇事案件数与高等教育率相关系数	-0.404

教育历来被承认为是预防犯罪的一项有力措施。教育是国家发展大计,关乎全民的个人素质和整个民族的复兴繁荣。从国家发展教育事业本身而言,全民性的教育已经起到了预防犯罪的作用。而如果对症下药,就预防犯罪方面进行有针对性、有目的性的专项教育,其效果和作用不言而喻。现阶段为达到预防犯罪的目的,道德教育和法律教育都是必不可少的。道德教育注重对人心灵的感化和洗礼,从内在方面去实现对人们行为的正确指引;而法律教育注重对人们日常行为的具体规制,从外在方面去保证人们的行为符合既定

的法律规范。

贝卡利亚在《论犯罪与刑罚》指出："相对而言，预防犯罪的最可靠但也是最艰难的措施是完善教育。"教育始终是我国科技兴国、人才强国战略的基础，教育对于犯罪的预防有着举足轻重的作用。教育通过使人们衡量犯罪成本，明确犯罪意义以及犯罪后果来降低犯罪率。Lochner 教授也认为教育水平能够提高人对风险的感知程度，从而降低犯罪欲望，犯罪倾向也就会随之相应地降低。[①] 实质上，教育扩展对抑制犯罪起着重要的作用。这一结论能够在政策调整上起到一定的指引作用，促使我们更关注基础教育的普及以及高等教育的建设。同时，也需要建立现代化的职业教育体系，对于课程设置、人才培养模式都进行合理化的规定。这一举措能够有效减少常见多发案件的案发率，提高社会稳定性和平安状况程度。

三、寻衅滋事罪案发的相关性分析

根据我国《刑法》第 293 条的规定，有以下寻衅滋事行为之一，破坏社会秩序的，处五年以下有期徒刑、拘役或者管制。纠集他人多次实施如下行为，严重破坏社会秩序的，处五年以上十年以下有期徒刑，可并处罚金：随意殴打他人，情节恶劣的；追逐、拦截、辱骂、恐吓他人，情节恶劣的；强拿硬要或者任意损毁、占用公私财物，情节严重的；在公共场所起哄闹事，造成公共场所秩序严重混乱的。立法者采用了列举的方式，规定了寻衅滋事罪的四种具体类型。

在进行寻衅滋事罪的相关性分析因素上，同样列举了 GDP、人均 GDP 等经济相关因素以及义务教育和人口，但最终的数据分析都落至不相关区域。由此可见寻衅滋事的案发较为偶然，没有明显的规律可循。

四、赌博罪案发的相关性分析

（一）人均 GDP、人均可支配收入与赌博罪的相关性及分析

如表 3-9-8 所示，每百万人口赌博数与 GDP 的 Pearson 相关系数值为 0.415，落至中等相关区域，正表示二者呈正相关，即该地区内人均 GDP 越高，

---

① Lochner，"Education，Work，and Crime：A Human Capital Approach"，*International Economic Review*，2004，43(3)．

每百万人口赌博罪数越多,反之亦然。

表 3-9-8　　　　每百万人口赌博罪数与人均 GDP 相关系数

每百万人赌博罪案发数与人均 GDP 的相关系数	0.415

如表 3-9-9 所示,每百万人口赌博数与人均可支配收入的 Pearson 相关系数值为 0.529,落至中等相关区域,正表示二者呈正相关,即该地区内人均 GDP 越高,每百万人口赌博罪数越多,反之亦然。

表 3-9-9　　　　每百万人口赌博罪数与人均可支配收入相关系数

每百万人赌博罪案发数与人均可支配收入的相关系数	0.529

此处的国民生产总值与人均可支配收入与每百万人口赌博罪的案发数均呈现中等相关,同时二者都是经济学因素。因此,在此处不进行拆分,合并分析经济对于每百万人口赌博罪案发数的影响。

赌博罪,是指以营利为目的,聚众赌博或者以赌博为业的行为。赌博罪的犯罪对象为财物,此处的财物不仅包括金钱,也应当包括能够以货币衡量的财产性利益,即物质性利益。这一特征使其必然与经济发展水平挂钩,经济发展水平较高的地区更容易滋生赌博行为。同时,由于近年来我国公安机关对于赌博行为严查严打,对参与赌博的行为人根据具体情节进行相应的行政处罚,也一定程度上抑制了赌博罪的多发频发,因为最终呈现出中等相关的趋势。

经济增长对于犯罪率的影响是复杂的。总体上经济增长能够代表,公民的消费能力伴随着国民收入增加而增加。同时,普遍提升的生活质量使得犯罪收益与犯罪成本也有相应的提高,个体决策者所得到的行为激励也随着二者的变化而浮动。但是长期过高的经济增长水平也蕴含着通货膨胀的隐患:适度通胀可以刺激内需,通胀水平超过收入上涨水平时,公民生活水平就会下降,社会经济秩序混乱可能使更多潜在犯罪者出现。同时,上层建筑反作用于经济基础,伴随经济迅速增长而来的是社会转型期的出现,旧体制规范在此期间大量存留,而新体制的发展诉求如雨后春笋,与前者造成摩擦。这种社会结构的不协调也给管控带来了较大难度。另外,在大量财富涌入,而法律准则等规范尚未完善时,部分高收入阶层的收入来源并没有完全的合理性和正当性。依据马太效应,积累优势是这一群体有更多机会来攫取利益,赢家通吃的法则将使贫者更贫,阶层收入差距进一步拉大。在不当得利的行为中,腐败和渎职等本身即是犯罪行为。而因为对于收入正当性的质疑,这些因他人渎职所带来的不当得利会吸引某些潜在觊觎者,使后者心理负担有所降低,并为预想的犯罪行为确立了正当性,变低的犯罪成本激励其犯罪行为的实施。[1]

(二)城镇人口比例与赌博罪的相关性及分析

如表 3-9-10 显示,每百万人口严重犯罪案件数与城镇人口比例的 Pearson 相关系数值为 -0.401,落至中等程度相关,负表示二者呈负相关,即该地区内城镇人口比例越高,每百万人口严重犯罪数越多,反之亦然。

表 3-9-10　　每百万人口赌博罪数与城镇人口比例相关系数

每百万人赌博罪案发数与城镇人口比例的相关系数	0.418

改革开放以来,我国的城市化进入飞速发展阶段,保持着 1‰ 的年均增幅。城市化进程的加快固然提高了居民的生活水平,但也不可否认加剧了犯罪化。"人聚于乡而治,聚于城而乱。"社会安定是城市化健康可持续发展的环境基础和前提条件,犯罪率升高无疑会影响城市化的进程,[2]但是城市化如何影响着财产性犯罪的犯罪率,值得我们关注。可以说考量城镇人口比例就是在考量城市化进程,城市化不仅是一种社会活动,也是一种重要的经济活动。它使得大量人口涌入城市,增加了更多的犯罪机会,也相应地提高了城市治理的难度。

对于上海、天津、北京等人口密度大经济发展快的地区,其城市化发展起步早并且已经形成自主式的发展模式,同时经过长期的实践探索,在城市治理方面日趋完善。相比其他地区而言,管控更见成效,这也是最终每百万人口赌博数与城镇人口比例落至中等程度相关的原因。

五、开设赌场罪案发的相关性分析

(一)人均 GDP、人均可支配收入与开设赌场罪的相关性及分析

如表 3-9-11 所示,每百万人口开设赌场数与 GDP 的 Pearson 相关系数

---

[1] 常安:《社会经济因素与中国省域犯罪率的空间计量分析》,山东大学学位论文,2018 年,第 32—33 页。

[2] 王婷:《城市化对犯罪率的影响研究》,湖南大学学位论文,2016 年,第 28—30 页。

值为 0.401,落至中等相关区域,正表示二者呈正相关,即该地区内人均 GDP 越高,每百万人口开设赌场罪数越多,反之亦然,这也与课题组的预先估计相符合。

表 3-9-11　每百万人开设赌场罪案发数与人均 GDP 的相关系数

每百万人开设赌场罪案发数与人均 GDP 的相关系数	0.401

如表 3-9-12 所示,每百万人口开设赌场数与人均可支配收入的 Pearson 相关系数值为 0.401,落至中等相关区域,正表示二者呈正相关,即该地区内人均 GDP 越高,每百万人口开设赌场罪数越多,反之亦然。

表 3-9-12　每百万人口开设赌场罪数与人均可支配收入相关系数

每百万人口开设赌场罪案发数与人均可支配收入的相关系数	0.521

犯罪经济学认为,潜在犯罪者依据其犯罪成本与预期犯罪收益的理性比较以确定其行为,这也是犯罪理论研究的经济学基础。作为理性人选择犯罪的原因,在于其犯罪所带来的收益远超犯罪的成本。如图 3-9-1 所示:横轴表示人口投入到犯罪的时间、精力、金钱、声誉等资源,纵轴表示犯罪所能带来的预期的收益,通常犯罪的收益包含货币性收益和非货币性收益(精神性)收益。此处假设犯罪人寻求的是货币性收益,用直线 EB 表示投入各种资源后行为人所能获得的边际收益,结合微观经济学中的边际收益递减规律,直线 EB 是向右下方倾斜的。犯罪的机会成本即投入到犯罪的资源用来在合法渠道中

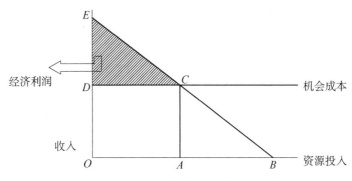

图 3-9-1　犯罪成本与犯罪收益相关性

所能获得的收益,假设投入到犯罪的资源在合法渠道中所获得的收益是恒定的,用直线 DC 表示。在这种情况下,理性的决策是投入 A 单位的资源到犯罪活动中。矩形 OACD 为犯罪的机会成本,三角形 DCE 代表着犯罪的经济利润。犯罪的决策在于衡量犯罪的收益与成本,如果犯罪的收益减去犯罪的成本即犯罪的净收益是大于零的,选择犯罪是理性的行为。[1]

在开设赌场罪这一经济类犯罪当中,考虑到犯罪收益与犯罪成本之间巨大的利益差,行为人选择经济更为发达的地区作为犯罪地点符合常理。这也与每百万人口开设赌场数与 GDP 的 Pearson 相关系数值为 0.401,呈现正相关的现象相符合。因此,根据这一特性在对于开设赌场罪的管控治理上,选择经济发达的地区作为针对对象,显然更有成效。但是值得注意的是伴随互联网经济的发展,赌博与开设赌场并不仅仅停留在传统的实体层面,更多的转向隐蔽且手段多样涉案金额巨大的互联网层面,对于管控的难度也进一步的提高。正如台湾学者林山田教授所言:"一个科学的犯罪原因论不仅能合理解释已然的犯罪事实,而且能以之为基础对未然的犯罪现象和趋势进行科学的预测,并为犯罪控制实践提供明确的指引或提供切实可行的犯罪控制途径或方法。这也正是犯罪原因研究的功能或目的所在。"[2]

---

[1] 陈晓玲:《中国人口结构对犯罪率的影响研究》,《犯罪研究》2017 年第 3 期。
[2] 林山田、林东茂、林灿璋:《犯罪学》(增订 5 版),台湾三民书局股份有限公司 2013 年版,第 40 页。

第四章 案件情节危害指数

第一节 数据选取说明

2018年,课题组根据2016年全国各省市区中级以上人民法院6968份刑事判决书,对外来人口犯罪、累犯犯罪以及团伙犯罪三组犯罪数据展开了分析(详见上一年度的指标体系)。比照2016年的数据,本研究继续对2017年相关数据进行跟踪调研,并且将数据的样本扩大到15 437份。同时,根据上一年度的经验,在本部分内容中增加了三个指标,即犯罪人犯罪时年龄在18周岁以下的、犯罪人犯罪时年龄在25周岁以下的以及被判处宣告刑平均刑期,期望通过横向和纵向的指标体系的建立准确反映各省市区平安状况,为法治中国建设添砖加瓦。本研究中的数据都是来源于北大法宝法律案例库,通过北大法宝提供的案例数据库导出119 199条数据,其中中级法院及以上的共计15 437份判决书。本项目组所选取的判决书均为2017年审结的判决书。

第一,外来人口的界定。外来流动人口问题一直是与城市化进程共生相伴的社会问题。随着我国城市化进程的迅捷推进,外来流动人口纷纷从农村涌入城市。这些外来流动人口在为当地经济注入活力做出贡献的同时,也不可避免地造成了一定的负面影响。其中,流动人口的犯罪问题尤为突出,并逐渐成为影响城市进一步发展和稳定的重要因素。外来人口犯罪,一般也称外来流动人口、流动人口等,指的是跨越一定地域界限,不改变常住户口的各类移动人口群体。[①] 按照《中国大百科全书》(社会学卷)的解释,外来人口为:"暂时离开常住地的短期迁移人口。国外一般称为人口流动。流动与迁移是两种

---

① 参见向洪、邓明主编:《人口管理实用辞典》,成都科技大学出版社1990年版,第453页。

相似但又有区别的现象，流动人口与迁移人口虽然都进行空间的位移，但迁移是在永久变更居住地意向指导下的一种活动，而流动是短期的、往复的，不导致当事人常住地的改变。"本课题中外来人口衡量标准为以省、直辖市、自治区为单位，判断案件审理法院所在地与被告人户籍所在地是否一致，不一致即为外来人口。

第二，累犯的界定。本研究将累犯作为案件情节危害指数之一，是因为累犯具有严重社会危害性。累犯行为，是指重复犯罪的行为，即曾因犯罪行为而被判处一定刑罚，在刑罚执行完毕或赦免后在一定期间内又犯一定之罪的事实。其次，累犯是指一种犯罪人类型，即曾因犯罪而被判处一定刑罚，在刑罚执行完毕或赦免后的一定期间内又犯一定之罪的罪犯。我国对于累犯的定义和世界各国刑法通行做法相同，分为一般累犯和特别累犯。一般累犯是指被判处有期徒刑以上刑罚的犯罪分子，刑罚执行完毕或者赦免以后，在五年以内再犯应当判处有期徒刑以上刑罚之罪的犯罪分子。特别累犯是指因犯特定之罪而受过刑罚处罚，在刑罚执行完毕或者赦免以后，又犯该特定之罪的犯罪分子。本次采集的数据对累犯采取概括定义，不区分具体属于何种累犯，以判决书中的认定累犯为标准。

第三，团伙犯罪的界定。团伙犯罪，社会危害性较大且可能严重影响治安情况，因此本研究将团伙犯罪作为案件情节危害指数之一加以分析。《中华法学大辞典》（刑法学卷）界定犯罪团伙是中国司法实践中对多人共同犯罪的称谓。但这不是法定概念。关于犯罪团伙的性质，司法实践中和刑法理论上曾有种种相异的观点，比如：犯罪团伙就是犯罪集团；犯罪团伙是介入犯罪结伙与犯罪集团之间的一种共同犯罪形式，是相对独立的犯罪组织形式；犯罪团伙包括犯罪集团和一般共同犯罪；犯罪团伙是犯罪结伙和犯罪集团的统称，等等。根据1984年6月15日最高人民法院、最高人民检察院、公安部《关于当前办理集团犯罪案件中具体应用法律的若干问题的解答》的意见，对团伙犯罪案件，应根据具体情况确定其性质。凡符合犯罪集团基本特征的，按犯罪集团处理；不符合犯罪集团基本特征的，按一般共同犯罪处理。因此，对犯罪团伙，既不能一概以犯罪集团论处，也不能笼统以一般共同犯罪处之。本课题组不作任何判断，以法院判决书中记录界定团伙为标准，凡是同一份判决书出现了两名或两名以上被告人的，认定为团伙犯罪。此部分数据在提取过程中因提取标准存在差异，无法同去年数据进行对比分析，因此此处暂不提及。

　　除上述指标外,本次研究新增的三个指标也能从一定程度上反映出各省市区平安状况。

　　第一个新增指标是年龄在 25 周岁以下犯罪情况。主要是分析青少年犯罪的总体情况,青少年犯罪,一般指的青少年这一特殊的主体实施的犯罪,亦即主体由儿童向成年过渡这一特定阶段(指进入青春期至青春期结束,一般为 14—25 周岁),由于主客观原因而实施的各种犯罪的通称。

　　第二个新增指标是年龄在 18 周岁以下犯罪情况。主要分析未成年人犯罪的总体情况。

　　第三个新增指标是各省市区被告人宣告刑主刑人均刑期。罪责刑相适应是刑法的基本原则,宣告刑的刑期能够直观反映犯罪人犯罪行为的危害性,尽管各地区会因为法官具体裁量标准不同而有所差异,但总体上而言基本上能够与危害行为形成大致的匹配。通过人均刑期的对比,能够基本上反映出各地区平安的基本水平。

第二节　外来人口犯罪发生指数

一、外来人口犯罪总数排名及分析

(一)各省级行政区外来人口犯罪案件分析

　　如图 4 - 2 - 1 所示,2017 年全年各省、市、自治区外来人口犯罪的案件总数为 7 839 件,占样本总数的 50.78%,在一定程度上说明外来人口在严重犯罪和常见犯罪类型上占有相当大的比重。在所有样本中,云南省居最高,共计 1 358 件,广东省次之,909 件,新疆位居第三,为 743 件。

　　从地域上,可以直观地感受到,外来人口作案的省份分布具有明显的两个规律,一是典型区域特征明显。典型的区域为云南省(1 358)和广东省(909 件),云南省犯罪案件数量最多,并且外来人口犯案最多原因在于云南省特殊的地理位置,云南与世界的最大毒品生产基地"金三角"毗邻,该地区生产的毒品以冰毒为主,绝大部分通过云南涌入中国,除了在中国消费掉的,还有相当部分运输到我国广州,再从广州走私到我国香港,以及日本、美国等地。云南有 4 000 多公里的边境线,24 个边境县,12 个少数民族聚居,与"金三角"相邻

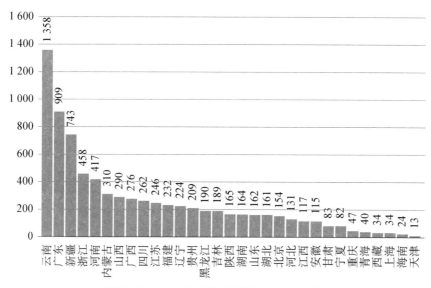

图4-2-1 各省级行政区外来人口犯罪数

地区多为茂密森林，山径小道多不胜数，防范毒贩极其困难，客观上极其方便毒品走私。边境地区生活水平困难，又缺乏改善生活水平的条件，"有恒产者有恒心，苟无恒产，放辟邪侈，无不为己"。毒品贸易的巨额利润，对他们来说具有极大的诱惑力。而广东经济发展迅速，外来人口众多，更为重要的是广东毗邻港澳，相当多的跨境犯罪都是经广东出境，根据刑事案件管辖原则，以犯罪地法院管辖为主、以被告人居住地法院管辖为辅，大量在广东境内破获的相关案件，外来人口犯案率自然会提高。二是边境地区比境内地区更明显，包括云南、广东、新疆、内蒙古、浙江都是我国边境省级行政区。边境地区外来人口犯罪案件数量多的原因在于边境地区社会治理形势复杂，并且很多问题稍有不慎就涉及边防问题，社会治安、边防安全等问题交杂给犯罪分子造成违法成本低，而执法成本高的错觉。从外来人口作案的绝对数量分析上，还能看到很明显的规律，在外来人口绝对数量较低的地区中，多为直辖市：北京稍高，154件，重庆47件，上海37件，天津13件。其原因可能在于直辖市总体的犯罪数量较少，并且辖区较少，覆盖面相对较为集中，各项社会治安管理措施较为齐全，外来人口登记程序机制比较完善，能够很好地应对各类违法犯罪案件。因此综合而言，外来人口犯罪并非单纯地与经济社会发展水平相挂钩，在一定程度上还与各地的地理位置关系紧密。

二、外来人口犯罪数占比排名及分析

如上所分析,单纯对外来人口犯罪案件的绝对数进行分析容易受到多方面因素的影响,从而导致分析偏颇。因此,考虑到各省级行政区总体案件数不同,我们计算外来人口作案的案件数占当地同期所有案件数的比例,据此来展开分析。

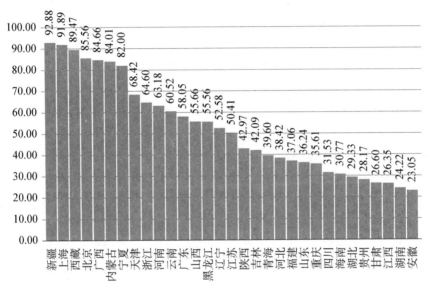

图4-2-2 各省级行政区外来人口案件占比排名

如图4-2-2,外来人口作案占比可以分为三个层次,第一个层次为从新疆到宁夏,包括新疆(92.88%)、上海(91.89%)、西藏(89.47%)、北京(85.56%)、广西(84.66%)、内蒙古(84.01%)、宁夏(82.00%);第二层次是从天津到江苏,天津(68.42%)、浙江(64.60%)、河南(63.18%)、云南(60.52%)、广东(58.05%)、山西(55.66%)、黑龙江(55.56%)、辽宁(52.58%)、江苏(50.41%);第三层次为陕西到安徽,包括陕西(42.97%)、吉林(42.09%)、青海(39.60%)、河北(38.42%)、福建(37.06%)、山东(36.24%)、重庆(36.09%)、四川(31.53%)、海南(30.77%)、湖北(29.33%)、贵州(28.17%)、甘肃(26.60%)、江西(26.35%)、湖南(24.22%)、安徽(23.05%)。第一个层次如果从地域上来区分很明显,北京、上海是一线城市,在全国政治、经济等社会活动中处于重要地位并具有主导作用和辐射带动能力。其城市发展水平、综合经济实力、辐射带动能力、对人才吸引力、信息交流能力、国际竞争能力、科技创新能力、交通通达能力等各层面都处于全国前列,吸引了大量外来人口,并随之增加了外来人口犯罪的比例,这一结论与同比去年的研究报告中的结论类似。而与之相对应的新疆、西藏、广西、内蒙古都是少数民族自治区,并且经济发展水平相对落后,其外来人口犯罪占比多的原因在于这些地区犯罪总量本身而言相对较少。第二层次的省级行政区主要集中在外来人口犯罪案件总量较大的东部地区,包括浙江、广东、江苏等地区。而第三层次省级行政区主要集中在中部地区,包括安徽、江西、湖南、湖北等。

三、外来人口严重犯罪的现状及分析

外来人口犯罪作为一种社会现象,是外来人口主体因素与社会环境共同作用的结果,有着复杂的社会根源。意大利著名刑法学家格拉玛蒂卡曾在《社会防卫原理》中提出:"犯罪这一提法,除了容易使人想到是对当事者过去的事情的评价外,更主要的是,他只表示社会本身之外的'个人本质',而反社会性是指人对社会规则的反抗个性。"[①]他将犯罪归为个人对社会的反抗,反抗的是那些相对于个人所不能容忍的那种特点的生活规则。而根据行为社会危害性的严重程度来进行犯罪行为的类型化是公认的做法。我国刑法不同于国外直接将犯罪分为重罪、轻罪和违警罪,而是通过犯罪客体,按照以犯罪同类客体为主,以犯罪主体或者惩治犯罪的特殊需要为辅,根据此标准对犯罪进行分类。一般而言我国刑法将故意杀人、故意伤害致人重伤或者死亡、强奸、抢劫、贩卖毒品、放火、爆炸、投毒,这八种暴力行为视为严重危害社会的犯罪行为予以重点打击。而对外来人口在严重犯罪中的分析能够一定程度上反映其在犯罪时主观恶性的程度。而一般的常见类犯罪包括盗窃罪、诈骗罪、交通肇事罪是随着经济社会发展,外来人口犯罪高发的罪行,因此纳入本次分析中。

鉴于本部分研究中,提取的数据是和严重犯罪、常见多发犯罪相关的数据,对这两类型数据的分析有利于我们直观理解不同区域治理的现状。如图4-2-2所示,与外来人口犯严重类犯罪占比相类似,处于第一层次的仍然是

---

① [意]格拉玛蒂卡:《社会防卫论》,转引自鲜铁可:《格拉马蒂卡及其〈社会防卫原理〉》,《中国法学》1993年第4期。

新疆、内蒙古、广西、上海、北京、宁夏、西藏。而这 7 个地区可以说是我国一线城市和西部地区的代表。当然单个或者单类别的犯罪现象、数据并不能全面反映社会治理深层次的动因,但对于所能看到现象作出客观分析至少能为扒开现象看本质作出努力。严重类犯罪因其行为独特征表为刑法所单列,足以显示其行为社会危害性之巨大,也是各个区域作为地区治理维稳的重要关注领域。毋庸置疑,上海、北京作为全国首屈一指的大城市,经济高速发展,城市各项基础设施比较完善,但同时作为人口高度聚集的区域,不同质的文化板块、文化习俗、价值观念、行为方式等存在很大差异,很容易引发彼此间的冲突。另外外来人口所处的文化环境是一种与城市社会相对隔离的亚文化环境,只能在同样是外来人口的亲友、同乡中结成一个个相对封闭的小群体,对所在的城市无认同感,且在城市生活、工作中经常受挫、受排挤,产生被歧视感,诱发不同程度的认同危机和心理危机,成为潜在的犯罪动因。[①] 而同样作为第一层次的新疆、内蒙古、广西、宁夏、西藏地区外来人口犯罪占比较高的原因与人口流动等社会经济因素相关性较低,与当地社会治理等政策性因素较大。一方面,这些区域都是幅员辽阔,并且都是偏远地区,社会管控和治理能力与东部城市不能相提并论,这也在从侧面给予外来人员进行犯罪的空间。另一方面,这些区域

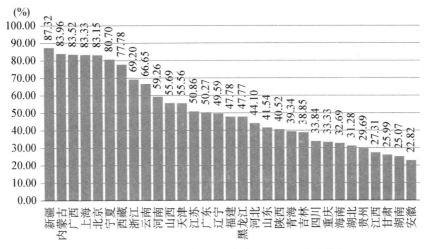

图 4-2-3 外来人口实施八大类严重犯罪占比排名

① 《外来人口犯罪的特点原因和对策》,详见 http://zzfy.hncourt.gov.cn/public/detail.php?id=9300,访问于 2019 年 8 月 21 日。

本身是少数民族聚集区,在某些严重犯罪上易为境外所煽动。在第一层次之外,其他的省级行政区的外来人口犯罪占比基本上与经济社会发展相均衡,即经济相对发达的东部地区,外来人口基数较大,引发犯罪的几率大,而经济相对不发达的中部地区,本身就是人口流失区域,外来人口本身比重较低,加之各项社会治理举措的实施,进而极大降低了外来人口犯罪在总犯罪中的比重。

四、外来人口实施入户盗窃的现状及分析

在公共管理学科体系中,社会公共安全管理是社会管理的重要内容,作为政府社会公共安全管理职能承担者的公安机关及其人民警察,首要职责就是保护人民群众的生命和财产安全,对触犯刑法的犯罪行为进行打击和防范。盗窃犯罪作为一种古老而多发的现象,给社会居民的财产安全带来了巨大的破坏,而入户盗窃作为盗窃罪一种独立表现形态的同时,又是盗窃类犯罪案件中一种常见的、多发、占比较高的犯罪行为,其不仅给广大人民群众的财产造成重大损失,甚至可能诱发抢劫、强奸、杀人等暴力犯罪,严重威胁人民群众的人身安全。外来人口到新的环境中,遇到的最大的问题就是生存问题,这在很大程度上为外来人口提供了犯罪动机,因此项目组选取各省市入户盗窃的数据进行分析。

如图4-2-4,入户盗窃中外来人口的比例较高的区域具有两个明显的分化。一类依然是以北京、上海为主的经济发展程度高的城市,这些地区因经济

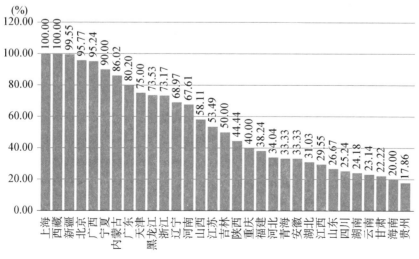

图4-2-4 入户盗窃犯罪外来人口犯案占比分布

发展迅速,城市各项基础设施配套齐全,吸引着大量的外来人口,也正因为外来人口基数大造成了外来人口犯案率大大提高,另一方面这些地区的本地居民本身受益于当地经济发展的优势,其当地居民实施入户盗窃等侵财类犯罪可能性大大降低。另一类是西藏、新疆、广西、宁夏等,这些地区虽然不同于一线城市的常驻外来人口,但都属于通过发展旅游产业推动当地经济发展,因此会出现旺季旅游性质的外来人口激增的现象,在客观上增加这些区域入户盗窃问题的犯案率。

五、外来人口实施电信诈骗犯罪的现状及分析

电信诈骗犯罪是指以非法占有为目的,虚构事实或隐瞒真相,利用现代通信技术手段发送欺诈信息,骗取数额较大的公私财物,应当承担刑事责任的行为。[1] 自 2000 年以来,随着我国金融、电信和互联网的迅速发展,电信诈骗犯罪迅速在我国产生和蔓延。特别是近几年来,借助于手机、固定电话、网络等通信工具和现代网银技术实施的非接触式诈骗犯罪高发,给人民群众造成了巨大的财产损失。电信诈骗侦破难度大的原因在于其行为往往是远程的非接触式的诈骗,并且犯罪组织内部团伙分子严密也直接导致电信诈骗侦破难度进一步加大。单独将电信诈骗案件从诈骗罪中提取,一方面能够更好了解各省级行政区在发生电信诈骗案件的总体态势,同时也能够分析各地在电信诈骗案件的打击和侦破上的差异。

表 4-2-1　　　　　　　　外来人口实施电信诈骗犯罪排名

省级行政区	数量	排名	省级行政区	数量	排名
江苏	90	1	安徽	37	7
浙江	80	2	山西	36	8
福建	73	3	山东	34	9
河南	65	4	辽宁	33	10
广东	54	5	江西	32	11
吉林	48	6	黑龙江	31	12

---

[1] 胡向阳、刘祥伟、彭魏:《电信诈骗犯罪防控对策研究》,《中国人民公安大学学报》(社会科学版)2010年第 5 期。

续表

省级行政区	数量	排名	省级行政区	数量	排名
新疆	27	13	云南	11	23
河北	24	14	贵州	9	24
湖北	24	15	宁夏	9	25
四川	24	16	重庆	5	26
湖南	22	17	上海	4	27
内蒙古	19	18	海南	2	28
北京	15	19	青海	1	29
甘肃	15	20	西藏	1	30
陕西	15	21	天津	0	31
广西	13	22	总计	853	

如表4-2-1，在外来人口电信诈骗案件中，江苏、浙江、福建等地分列前三甲。其中原因除了众所周知的上述地区经济发达，犯罪分子可能获得更高的收益之外，还可能在于东南沿海地区在地理上距离台湾较近，而国内最早的电信诈骗犯罪就来源于我国台湾地区，[①]来自台湾的一些诈骗犯罪分子跑到大陆沿海设立窝点，发展同伙并传授犯罪伎俩，诈骗对象主要是台湾民众。随着犯罪方法的不断传播，诈骗手法也为内地不法分子所掌握，慢慢由福建向广东、河南、浙江、江苏等地传播，并且这些从事电信诈骗活动的人一夜暴富，在当地产生了一定的负面示范效应，使大量的人参与到电信诈骗中，从而形成了电信诈骗的地域性和家族性特征。另外，从地域分布上可见，除了在沿海地区分布较广之外，外来人口在电信诈骗犯罪上还集中在一些并不发达的地区，如安徽、江西等，这可能是因为这些地域对外来人口的管理机制有待更进一步完善。

六、外来人口实施交通肇事罪的现状及分析

交通事故是我们日常生活中一种常见的现象，与之相关的交通肇事罪也是《刑法》中最常见的罪名之一。它不仅不利于良好的交通秩序，而且对人的

---

① 胡向阳、刘祥伟、彭魏：《电信诈骗犯罪防控对策研究》，《中国人民公安大学学报》（社会科学版）2010年第5期。

生命和财产会产生严重的危害。随着经济社会的高速发展,人口流动成为社会普遍的现象,外来人口在交通肇事案件中的分析能够在一定程度反映各地在社会综合治理,尤其是对外来人口管理方面的水平。因此对于外来人口交通肇事的研究就具有重要的现实意义。

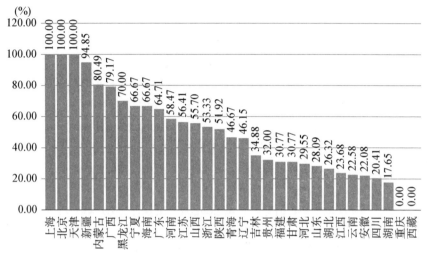

图 4-2-5 交通肇事罪外来人口犯案占比分布

如图 4-2-5,外来人口在交通肇事案件中占比最高的是上海、北京、天津,高达 100%,其原因在于上海、北京、天津都属于经济比较发达的城市,外来人口比基数大是重要原因,另一方面随着我国经济的高速发展、人均可支配收入的不断提高,人们越来越追求生活品质,加上"基建狂魔"带来的道路建设的高速发展,城市机动车保有数量不断增长,造成交通事故发生率也大大增加。而像新疆、内蒙古、广西等地外来人口交通肇事类刑事案件占比也相当高,原因在于这些地区大部分属于旅游自驾游区域,根据《中国西部自驾旅游发展报告 2018》显示,2017 年中国自驾游人数平稳增长,总人数达 31 亿人次,比 2016 年增长 17.4%,占国内出游总人数的 62%。并且长线自驾游热门目的地主要集中在以内蒙古、青海、四川、云南、新疆、甘肃等为主的西部地区。而自驾游的消费者主要集中在经济基础好、居民收入较高的京津冀、长三角、珠三角、成渝等地区。一方面自驾游区域自然环境风光迤逦,但同时也意味着这些地区道路建设不够完善、安全隐患问题也有所增加;另外外地人对当地路线、路况不熟悉,这些区域对于自驾游者车技等要求比较高,在旅游旺季,海量自驾游者涌入也在一定程度上增加了外来人口发生交通事故的可能。

第三节 累犯发生指数

刑法中的累犯制度,其宗旨在于充分运用刑罚手段同具有严重社会危害性和人身危险性的特殊犯罪人类型作有效斗争。累犯作为刑法中的量刑情节,在各国刑法中都偏向于重罚原则,且立法理由基本一致。例如日本学者小野清一郎说:"一是道义的非难重,二是从保安处分角度看,累犯具有特别的危险性。"[1]齐腾金作也说:"尽管被判过刑,却又犯罪的人,从规范责任论角度看,非难行增大;从预防犯罪角度看,人身危险性大。"[2]基于此,累犯本身能说明行为人具有极大的社会危险性,同时,累犯的多少也能在一定程度上反映各省级行政区对犯罪人的教育感化效果,从而反映该地的社会治安情况。

一、各省级行政区累犯案件数

如图 4-3-1 所示,2017 年全国中级以上人民法院审理的严重类犯罪和多发性、常见性犯罪中属于累犯的共计 2 724 件,占总案件数的 17.65%,相较于 2016 年的 15% 更高。这说明在严重类犯罪和常发犯罪中,犯罪人更具有再次犯罪的危险性,需要进一步加大管控力度,做好特殊预防。就总体上累犯案件发生数的省市区分布而言,并没有特别的地域分布规律,广东省的累犯案件数为 368 件,远远高于第二名四川的 189 件。原因可能在于广东省为沿海省份,海岸线绵长,并且外接港澳,地理位置以及经济发展状况决定了该地域具有再次引发犯罪的内因。比较有意思的是,在这些犯罪中西藏、上海、天津累犯案件数为个位数,说明这些省市在对犯罪人的再犯预防上做了相当大的工作,取得不错的成效。

---

[1] [日]小野清一郎:《刑法讲义总论》,转引自莫洪宪:《论累犯》,《中央检察官管理学院学报》1996 年第 2 期。

[2] [日]齐藤金作:《刑法总论》,转引自莫洪宪:《论累犯》,《中央检察官管理学院学报》1996 年第 2 期。

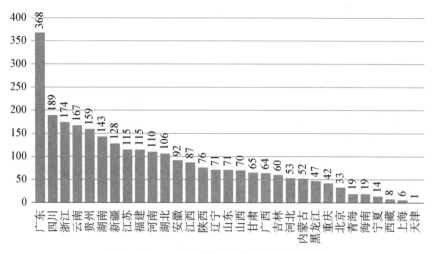

图4-3-1　各省级行政区累犯案件数分布

二、各省级行政区累犯案件数占比

累犯案件数占总案件数的比重可以在很大程度上说明某一省级行政区在对服刑后被释放人员的后续管理情况,包括对此类人员的跟踪、社会再融入等问题的关注程度。从图4-3-2可以看出,累犯案件占案件数最多的是重庆,占比31.82%,说明重庆市在对服刑过人员的后续管理有待加强,采取有效措施降低犯罪人再犯罪的可能性。其他省市比如说浙江占比24.54%、海南占比24.36%、江苏占比23.57%、广东占比23.50%、四川占比22.74%、贵州占比21.46%、湖南占比21.12%、西藏占比21.05%、甘肃占比20.83%。高于20%的省市共计10个,接近全国的三分之一。从总体上,一方面说明累犯再犯罪现象并非某省特有,而是普遍现象;另一方面说明我国目前对服刑过人员的后续跟踪,以及再次融入社会机制有待进一步完善。

三、各省级行政区累犯案件总数与累犯案件占比差比分析

指标的特定视角往往会因计量原因导致分析有所偏颇,因此课题组在累犯指标分析上,使用差比分析更进一步分析各省级行政区累犯犯案情况。如

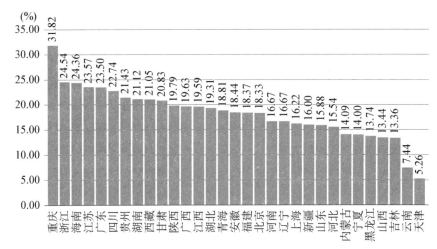

图4‐3‐2 各省级行政区累犯案件数占总案件数比重

上表排名波动较大的是云南(26)、重庆(23)、海南(23)、西藏(20)、新疆(15)、青海(12)、山西(11)。云南、新疆波动大原因在于累犯案件绝对数量多,但是因为受案件总数多的影响,导致累犯占比排名比较低。重庆、海南、西藏、青海等省级行政区累犯案件绝对数量少,并且总案件数也比较少,直接导致占比排名靠前。反观广东、浙江、四川、贵州等地,不管案件总数、累犯案件数量还是累犯案件数占总案件数比重排名数都靠前,反映出这些地区对服刑过人员的后续管理工作有待进一步加强。

表4‐3‐1 各省级行政区累犯案件数排名与累犯案件占比排名差比

省级行政区	累犯案件数排名	占比排名	案件总数排名	差比	省级行政区	累犯案件数排名	占比排名	案件总数排名	差比
云南	4	30	1	−26	福建	9	17	9	−8
广东	1	5	2	−4	湖北	11	14	10	−3
四川	2	6	3	−4	山西	17	28	11	−11
新疆	7	22	4	−15	安徽	12	16	12	−4
贵州	5	7	5	−2	江苏	8	4	13	4
浙江	3	2	6	1	吉林	20	29	14	−9
湖南	6	8	7	−2	山东	16	23	15	−7
河南	10	19	8	−9	江西	13	13	16	0

续表

省级行政区	累犯案件数排名	占比排名	案件总数排名	差比	省级行政区	累犯案件数排名	占比排名	案件总数排名	差比
辽宁	15	20	17	−5	重庆	24	1	25	23
陕西	14	11	18	3	青海	27	15	26	12
内蒙古	22	25	19	−3	宁夏	28	26	27	2
黑龙江	23	27	20	−4	海南	26	3	28	23
河北	21	24	21	−3	西藏	29	9	29	20
广西	19	12	22	7	上海	30	21	30	9
甘肃	18	10	23	8	天津	31	31	31	0
北京	25	18	24	7					

第四节　未成年人犯罪发生指数

一、未成年人犯罪案件数分析

本次研究的原始数据为 2017 年全国各地中级人民法院以上判决的,用以反映当地平安情况的刑事裁判文书。判决书的裁判主体包括各省、市、自治区的中级及以上人民法院,审级包括一审、二审和再审,共计 15 437 份。在刑事裁判文书样本总量中,涉及被告人年龄低于 18 岁的文书为 98 份,如表 4 - 4 - 1 所示,后者占前者的比重为 0.63%。从犯罪的年龄结构上看,被告人年龄低于 18 岁的比例很小,一方面是因为身体和心智发育不成熟,另一方面,年龄低于 18 岁多处于学校教育和父母监护之下,故而接触或者实施犯罪的难度较大、机会较少。

表 4 - 4 - 1　被告人年龄低于 18 周岁的刑事裁判文书数量比重

被告人年龄低于 18 周岁的刑事裁判文书数量	样本总量	占比
98	15 437	0.63%

二、未成年人犯罪案件类型分析

在被告人年龄低于 18 岁的 98 份刑事裁判文书中,涉及的罪名包括:绑架罪、诈骗罪、强奸罪、交通肇事罪、危险驾驶罪、抢劫罪、寻衅滋事罪、故意毁坏财物罪、故意杀人罪、盗窃罪、故意伤害罪、走私、贩卖、运输、制造毒品罪、容留他人吸毒罪、非法持有毒品罪。如表 4-4-2 所示,按文书数量由多到少排名,前五名的罪名是:交通肇事罪(52 份),盗窃罪(9 份),走私、贩卖、运输、制造毒品罪(7 份),抢劫罪(7 份),寻衅滋事罪(6 份)。交通肇事罪作为常见多发犯罪在未成年人犯罪中也同样占有很高的比重。交通肇事之所以成为常发案件,正是因为中国正在加速进入汽车社会,而相关的法制、政策的制定与普及还远远不够完善。要避免类似悲剧重演,需要让未来汽车消费的潜在用户——未成年人在教育阶段,就能接受完整、有效、多层次的交通安全教育,对交通事故的发生能起到源头预防的作用。这也是在我国加速进入汽车社会的同时,保持汽车社会和谐安定的重要保障。

表 4-4-2 　　　　被告人年龄低于 18 岁涉及的罪名排行

名次	罪　　名	文书数量
1	交通肇事罪	52
2	盗窃罪	9
3	走私、贩卖、运输、制造毒品罪	7
4	抢劫罪	7
5	寻衅滋事罪	6

三、各省级行政区未成年人犯罪总体分析

在被告人年龄低于 18 岁的 98 份刑事裁判文书中,按照区域划分,案件审理散落在 23 个省级行政区当中(一般而言,案件审理地亦即案件发生地)。如表 4-4-3 所示,在新疆做出的裁判文书最多(14 份),意味着发生在新疆的刑事案件最多,数量其次的省份包括湖南(9 份)、山西(9 份)、辽宁(7 份)、云南(7 份)。造成新疆地区未成年犯罪发生数量较多的原因纷繁复杂,但笔者以为,

其中一点重要原因是新疆地区未成年受教育程度较低,法治观念薄弱;此外,经济发展较为落后也是新疆地区未成年犯罪多发的诱因之一。

表4-4-3 被告人年龄低于18岁所在省级行政区的文书数量排行

名次	省级行政区	文书数量
1	新疆	14
2	湖南	9
3	山西	9
4	辽宁	7
5	云南	7

值得注意的是,在被告人年龄低于18岁的98份刑事裁判文书中,数量排名第三的罪名是走私、贩卖、运输、制造毒品罪,并且无一例外地都发生在云南,这也印证了近年来在贩毒案件中未成年人的参与率呈现上升趋势的事实,而云南更是毒品犯罪的高发区域。云南地区未成年人涉毒型犯罪呈明显的逐年上升势头:2000年为236人,2001年为274人,以后的2002年至2010年上半年分别为:309人、363人、491人、686人、747人、764人、745人、736人、730人,十年半时间上升了211.9%。[①] 根据云南省高级人民法院通报的2017年10大毒品犯罪审判典型案例,其中彰彰在目的是成年人教唆、威逼利诱未成年人贩毒。更有高校学生参与贩毒、运毒。2018年,云南大理某高校学生包某因在网络销售大麻在学校被当地警方逮捕。[②] 在"9·17"特大运输毒品案中,云南警方斩断了一条以云南昆明中起点、流向四川、武汉、湖南、江西、重庆、江苏、广东等多地的运毒通道,而在贩毒团伙中有数名未成年人充当"背货马仔"进行藏毒、运毒。[③] 在其他贩毒案件中,更有甚者利用未成年少女运毒。[④] 虽所列举的不限于2017年热点新闻,但未成年人参与实施犯罪的现状着实令人担忧,并且云南地区未成年人参与实施毒品犯罪的现状更是值得我们警醒和反思,笔者认为,造成云南地区未成年人参与实施毒品犯

① 董毅、王瑞林:《云南省未成年人犯罪情况调查》,《中国刑事法杂志》2011年第8期。
② 《大理一青年为赚差价贩毒》,详见 http://www.sohu.com/a/241503870_100119631,访问于2019年8月20日。
③ 《云南9·17特大贩毒案成功告破已逮捕13人》,详见 http://leaders.people.cn/n/2013/0306/c351075-20696526.html,访问于2019年8月20日。
④ 《利用未成年少女运毒主犯被判死缓》,《云南日报》2019年4月2日。

罪频发态势的原因有三点：首先是由云南特殊的区域位置决定的,云南西南部与世界主要的毒品产地——金三角(缅甸、老挝、泰国)接壤,自然而然成为毒品进入中国的重要通道;其次,云南地区经济发展欠发达,产业发展落后,特别是偏远山区,经济更为落后,毒品犯罪的高暴利引诱着这些生活拮据的人铤而走险实施运毒、贩毒等犯罪;再次,云南地区教育程度较为落后,未成年人法治观念薄弱,不能清楚地认识到毒品犯罪带来的惩罚和危害。

　　义务教育率反映了一个地区居民受教育水平的基本情况。义务教育率越高,代表了该地区居民受教育水平和文化水平越高。未成年人受教育程度与义务教育率存在着一定的关联性,二者均表现的是一个地区居民的受教育水平和文化水平,而义务教育率也能从侧面反映出一个地区的未成年人受教育程度。由于我国经济发展存在地区发展不平衡的问题,一些边远地区、经济不发达地区的教育发展程度远远不及发达地区,居民整体文化水平偏低,导致文化水平偏低的边远地区发生严重暴力犯罪的比例相较于居民受教育水平高的地区偏高。从表4-4-3中我们可以看出,未成年人犯罪多集中在经济发展相对落后的中西部等地区。

　　加罗法洛在《犯罪学》遏制犯罪的适应性法则时,提出矫正主义理论。他认为:"通过适当的教育方法,邪恶的天性能被克服,罪犯能转变成诚实的人。"[1]教育对预防犯罪、降低犯罪率,特别是在抑制青少年犯罪的诸多手段中,教育扩展的作用不容忽视,尤其在劳动教养法规废止之后,普通教育的扩展将成为控制、预防青少年犯罪的最主要手段。[2] 教育对犯罪的抑制从隔离作用、道德约束作用及可能的收入预期效益三个方面加以体现。所谓隔离作用在于教育在客观上减少了青少年投入到犯罪中的时间和精力,减少了参与犯罪的机会和可能。所谓道德约束作用在于教育能够增加青少年参与犯罪的心理成本,增加其受到惩罚的预期,教育可以提升青少年的认知水平和道德修养,推动青少年完善人格的塑造,增强其明辨是非的能力以及自觉抵制犯罪的正义感。可能的收入预期效益即通过教育提升青少年的认识水平从而改变其行为偏好,提升其人力资本,增加其在合法劳动力市场就业取得更多合法收入的能力,增加其在合法领域的预期收益,减少其参与非法活动的动机。当然,"十年树木,百年树人",教育效果的发挥需要一定时间的积累,但是教育对与社会犯

---

① ［意］加罗法洛:《犯罪学》,耿伟、王新译,中国大百科全书出版社1995年版,第228页。
② 韩宝庆、张丽:《教育扩展对青少年犯罪的影响》,《东北师大学报》(哲学社会科学版)2015年第2期。

罪的抑制作用却是毋庸置疑。在义务教育率越低的地区,由于大量没有接受过基础教育的社会人员存在,增加了不稳定因素,从而犯罪率相比义务教育率高的地区偏高。普及义务教育,减少文盲占比,提高居民受教育水平和文化水平是减少严重犯罪、暴力犯罪的有效措施。

四、未成年人犯罪与受教育情况相关性分析

如表 4-4-4 显示,每百万人口案件数与义务教育率的 Pearson 相关系数值为-0.377,落至中等程度相关,负值指表示二者呈负相关,即该地区内义务教育率越高,每百万人口犯罪数越少,反之亦然。

表 4-4-4 　　　义务教育率与每百万人口案件总数的相关系数

义务教育率与每百万人口案件总数的相关系数	-0.377

受教育程度影响犯罪率的原因在于,教育能够增加犯罪的机会成本对犯罪产生的威慑效应。作为形成人力资本主渠道的教育,除了可以把简单劳动变成复杂劳动,使体力劳动转化为脑力劳动,同时增强劳动者的劳动转换能力外,另一方面还可以帮助一部分脑力劳动者在知识经济时代的背景下,及时更新其知识技能和结构,帮助他们提升自身的人力资本含量,提高社会地位,实现个人更高的合法的预期收益,过上更为体面的生活。如果受到惩罚,那么将预示着高学历的犯罪人会丧失比其他人更多的经济利益、社会地位及造成更严重的心理伤害,这就无疑提高了他们的犯罪机会成本;而学历低的犯罪人受到监禁时则损失的机会成本要相应小得多。所以,犯罪人受教育程度的高低与能否发挥教育的威慑作用从而减少和抑制犯罪存在一定的密切联系。并且,受教育程度越高的地区居民整体素质较高,就业情况相对较好,居民整体生活水平相对较好,社会较为稳定,犯罪率相对较低。反之,受教育水平较低的地区,由于居民整体素质偏低,产业结构落后,就业情况不好,从而导致居民生活水平较低,社会不稳定,犯罪率激增。

如表 4-4-5 显示,每百万人口案件数与义务教育率的 Pearson 相关系数值为-0.356,落至中等程度相关,负值指表示二者呈负相关,即该地区内义务教育率越高,每百万人口严重犯罪数越少,反之亦然。提高义务教育普及率对于一个地区的社会综合治理水平的意义是巨大而长远的。大力促进义务教育

的普及,提高义务教育的质量,是减少严重犯罪发案率、提高社会稳定性和平安程度的重要举措。

表4-4-5　　　义务教育率与每百万人口八大重罪的相关系数

义务教育率与每百万人口八大重罪的相关系数	-0.356

教育的缺失是云南地区未成年人犯罪的重要原因。如表4-4-6所示,通过对全国各省义务教育率的对比,我们可以看到,云南地区的义务教育率仅为51.13%,也仅仅高于青海地区和西藏地区,处于义务教育率全国倒数第三的境地。教育的缺失主要包括两个方面,一方面是家庭教育的缺失,另一方面是学校教育的缺失。家庭教育方面,云南的城镇化率较低,农民占了全省人口的大多数,但现在真正的农民已经发生内部分化,传统的农业社会正向现代社会转型,伴随着城市化和工业化的加速,传统意义上的农民数量实际上已经在大幅缩小,数百万农民涌入城市变成了农民工,很多家庭是父母双双外出打工,由祖父母、外祖父母对其进行隔代监护。本应由父母完成的对子女教育,被完全交给了学校和社会及上一辈,致使留守儿童不仅存在严重的亲情饥渴,还有大量的心理问题:内向、孤僻、缺乏自信心、不善于与人打交道、容易冲动、自律能力差、逆反心理强等,极易染上不良的生活习惯、行为习惯,从而产生一系列社会问题,诱发未成年人违法犯罪。学校教育方面,未成年人犯罪几乎都与学校教育的失误有关。[1] 云南的公共教育经费长期低于全国水平,教育投入不足造成教育的资源不均衡,进而导致城乡之间、地区之间的教育差距不断拉大,而城乡教育资源占有上的巨大差异,使农民子女在受教育方面明显处于劣势。同时,随着农村与城市在经济上的差距日益扩大,城市化并没有带来预期中的帮助农民脱贫的效果,耕地逐年减少,人口逐年增多,国家和地方对农村及乡镇投入不够,社会经济发展不足,贫困化现象反而日益突出,农村和农民对被边缘化的感觉不仅在经济发展方面,在教育方面也日渐强烈。不仅如此,学校教育的内容和质量也存在许多问题。几十年来,教育领域积弊丛生,现行的教育制度不能适应社会发展的形势,也不能满足民众对教育的需要。虽然教育改革一直在进行,但改来改去,却是基础教育应试的传统不改,教育质量得不到民众期望的提高,并未能探索出有利于人才培养的新制度。不

---

① 董毅、王瑞林:《云南省未成年人犯罪情况调查》,《中国刑事法杂志》2011年第8期。

论是教育行政部门还是学校自身,不论小学还是初中、高中,也不论是城市还是农村学校,无一例外地都把升学率的高低作为评价和衡量学校与教师工作成绩的唯一标准,普遍形成重文化知识传授、轻思想道德教育,重学习成绩的提高、轻社会责任感的培养,重基础知识教育、轻心理健康和人格完善的风气。

综上,教育的缺位不仅是云南地区的特有现象,也是中西部经济欠发达地区的普遍现象。

表4-4-6　　　　　　　全国各省级行政区义务教育率排名

省级行政区	义务教育比(%)	省级行政区	义务教育比(%)
北京	84.05	山东	63.78
上海	81.32	浙江	63.06
天津	80.13	宁夏	62.09
辽宁	75.82	广西	60.91
山西	74.39	重庆	60.68
黑龙江	71.35	新疆	60.54
吉林	70.35	福建	59.67
广东	69.87	安徽	59.17
海南	69.49	江西	58.89
江苏	67.73	四川	56.32
内蒙古	67.30	甘肃	55.35
河北	67.01	贵州	51.72
湖南	66.25	云南	51.13
陕西	64.92	青海	45.90
湖北	64.91	西藏	27.64
河南	64.45		

表4-4-7　　　　　　　全国各省高等教育率排名

省级行政区	高等教育率(%)	省级行政区	高等教育率(%)
北京	44.76	内蒙古	17.03
上海	32.37	辽宁	16.65
天津	27.41	江苏	16.25

续表

省级行政区	高等教育率（%）	省级行政区	高等教育率（%）
新疆	16.18	海南	12.03
湖北	15.09	湖南	10.92
浙江	14.71	青海	10.65
宁夏	14.55	四川	10.04
陕西	14.22	河北	9.24
吉林	14.11	安徽	8.74
山西	13.98	贵州	8.73
福建	13.71	河南	7.96
黑龙江	12.96	云南	7.83
广东	12.94	江西	7.74
甘肃	12.90	西藏	7.51
重庆	12.77	广西	6.95
山东	12.22		

针对云南地区未成年人犯罪的突出问题，云南省内也在积极应对解决。以云南省会昆明市为例，2014 年以来，昆明市未成年人司法项目工作以积极预防未成年人违法犯罪为目标，结合昆明实际，积极探索、大胆实践，形成了"党委政法委领导、综治办牵头协调、关工委组织实施、成员单位支持配合"的工作机制。5 年来，昆明的未成年人司法项目工作不断探索，总结出大量创新模式。在市级层面，全市建立平时考核和年终考核考评相结合的考核激励机制和经费保障机制；在全市公安机关推行办理未成年人涉法案件规定，明确公安机关将办理未成年人涉法案件工作作为年度考核内容。同时，昆明的未成年人司法项目工作高度尊重基层首创精神。盘龙区在公安派出所设立了未成年人违法犯罪警务室，专门办理未成年人案件、特殊案件被害人的"一站式中心"也正式投入使用；嵩明县创新开展未成年人住旅店监护人首肯制；西山区在开展司法项目过程中为青少年建立了"团队护航"，开创司法全程服务工作模式；禄劝县为解决基层未成年人司法项目工作实际需要，在乡镇、街道办事处建立了未成年人司法项目工作站。

刚刚过去的 2018 年，为了进一步推进未成年人司法项目工作，市教育局在全市 874 所中小学配备法制副校长，配备率达 86%，22 所学校被命名为"法律六进示范点""法治文化示范点"；市民政局救助保护各类未成年人 412 人次，进一步预防流浪儿童犯罪;在五华区文林小学、石林县鹿阜中学分别建成2个省级青少年法治教育基地;团市委通过"不良及严重不良行为青少年矫治及预防干预项目",覆盖目标人群240人,累计服务1810人次。截至2018年12月末,全市举办未成年人思想道德及法制教育活动650场次,受教育人数367 000人次。

2019年,昆明将进一步深化预防教育,努力降低未成年人犯罪率;深化典型引路,全面提高未成年人司法项目工作质量;不断完善机制,创新发展未成年人司法项目工作。当然云南省对于未成年人犯罪防控的机制和做法只是全国未成年人犯罪防控工作的缩影,其核心和关键的依然是保障对未成年人的理想教育、道德教育、文化教育、纪律和法制教育,完善针对未成年人保护的法律机制,维护未成年人的各项合法权益,促进未成年人健康成长。

第五节　25岁以下被告人犯罪发生指数

青少年犯罪的数量、特征是反映社会平安情况的重要指标。青少年由于其自身的身体条件、社会阅历等与不满18岁的未成年人有较大差异,因此,在未成年人犯罪之外专门研究青少年犯罪大有必要。本研究中,选择25岁作为是否青少年的分界线,以此为标准来分析各省级行政区的青少年犯罪情况。

一、被告人年龄低于25周岁犯罪案件数分析

在刑事裁判文书样本总量中,涉及被告人年龄低于25岁的文书为2 098份,如表4-5-1所示,后者占前者的比重为13.59%。相比于前文中涉及被告人年龄低于18岁的98份文书,涉及被告人年龄在18到25岁之间的刑事裁判文书占比增加了10%有余。笔者认为,被告人年龄在18到25岁之间的刑事案件大幅增加的原因一方面是18岁之后身体和心智逐渐发展完备,犯罪的条件慢慢成熟。另一方面是18岁之后开始迅速接触社会,犯罪机会陡然增加。

表4-5-1　　被告人年龄低于25岁的刑事裁判文书数量比重

被告人年龄低于25岁的刑事案件数量	样本总量	占比
2 098	15 437	13.59%

二、被告人年龄低于 25 周岁犯罪案件类型分析

在被告人年龄低于 25 岁的 2 098 份刑事裁判文书中,涉及的罪名包括:故意杀人罪,盗窃罪,故意伤害罪,绑架罪,诈骗罪,强奸罪,诈骗罪,交通肇事罪,危险驾驶罪,抢劫罪,寻衅滋事罪,聚众斗殴罪,故意毁坏财物罪,走私、贩卖、运输、制造毒品罪,容留他人吸毒罪,非法持有毒品罪。如表 4-5-2 所示,按文书数量由多到少排名,前五名的罪名是:走私、贩卖、运输、制造毒品罪(658 份)、盗窃罪(370 份)、故意杀人罪(166 份)、故意伤害罪(159 份)、寻衅滋事罪(158 份)。不论是被告人年龄低于 18 岁,还是被告人年龄低于 25 岁,涉及走私、贩卖、运输、制造毒品罪的案件数量均居高不下,表明我国毒品犯罪形势严峻。

表 4-5-2　　　　被告人年龄低于 25 岁涉及的罪名排行

名次	罪　　名	案件数量
1	走私、贩卖、运输、制造毒品罪	658
2	盗窃罪	370
3	故意杀人罪	166
4	故意伤害罪	159
5	寻衅滋事罪	158

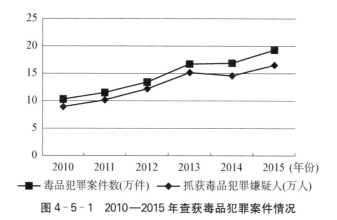

图 4-5-1　2010—2015 年查获毒品犯罪案件情况

根据图4-5-1显示,公安机关每年查获的毒品犯罪案件数量与抓获的毒品犯罪嫌疑人数量基本上呈同步增长的趋势,其中毒品犯罪案件数从2010年的8.9万件上升到了2015年的16.5万件,6年增长了85.4%,年均增长14.2%;抓获的毒品犯罪嫌疑人数从2010年的10.1万人上升到2015年的19.4万人,6年增长了92.1%,年均增长15.3%。而2010年和2015年全国法院新收一审刑事案件数分别为77.9万件和112.6万件。[①] 根据这两组数据初步测算,2010年毒品犯罪案件数占全部刑事案件数约为11.4%,2015年这一比例上涨到了14.7%,6年时间毒品犯罪案件数在全部刑事案件中的占比上升了3.3个百分点。由此可知,虽然刑事案件总数量在增长,但在所有刑事案件中,毒品犯罪的增长速度明显快于总体犯罪的增长速度,表明毒品犯罪治理效果不佳。[②]

根据《2017年中国毒品形势报告》发布的数据,我国毒品问题总体仍呈蔓延之势。当前境外毒品向中国渗透仍呈加剧势头。"金三角""金新月"和南美三大毒源地毒品对中国形成全面渗透之势,境外贩毒势力与境内贩毒团伙结成贩毒网络,贩毒团伙结构更加复杂,贩毒路线不断变化,贩毒规模不断扩大,贩毒手段不断升级,现实危害和潜在威胁进一步加大。2017年,全国共破获走私、贩卖、运输毒品案件10.2万起,抓获犯罪嫌疑人11.5万名,缴获毒品49.9吨。随着互联网、物流快递等新业态迅猛发展,不法分子越来越多地应用现代技术手段,全方位利用陆海空邮渠道走私贩运毒品,贩毒手段的科技化、智能化明显升级。而云南地区更是毒品犯罪的重灾区。

三、各省级行政区25岁以下被告人犯罪分析

在被告人年龄低于25岁的2 098份刑事裁判文书中,如表4-5-3所示,在云南做出的裁判文书最多(400份),意味着发生在云南的刑事案件最多,数量其次的省份包括广东(258份)、四川(127份)、新疆(126份)、贵州(110份)。值得注意的是,在云南地区做出的400份裁判文书当中有345份是涉及走私、贩卖、运输、制造毒品罪。而在前文中,在被告人年龄低于18岁的98份刑事裁判文书中,数量排名第三的罪名是走私、贩卖、运输、制造毒品罪,并且无一

---

① 数据来源于2010年和2015年全国法院司法统计公报。
② 齐文远、魏汉涛:《毒品犯罪治理的困境与出路》,《河南大学学报》(社会科学版)2018年第1期。

例外都发生在云南。2017年云南省破获毒品违法犯罪案件20 869起,抓获违法犯罪嫌疑人21 169人,缴获毒品25.54吨(冰毒13.08吨、海洛因7.93吨、鸦片4.23吨)。缴获毒品数量再创历史新高,居全国第一。[1] 2018年1月至5月,云南省共破获毒品刑事案件5 453起,缴获毒品11.69吨,抓获犯罪嫌疑人5 648人,与去年同期相比分别上升4.8%、28.3%、6.9%,另外,缴获制毒物品869.4吨。以上数据可以看出云南禁毒形势十分严峻,境外毒品大规模渗透趋势有增无减。[2]

表4-5-3　　　　　各省级行政区25岁以下被告人犯罪排行

名次	地域	案件数量
1	云南	400
2	广东	258
3	四川	127
4	新疆	126
5	贵州	110

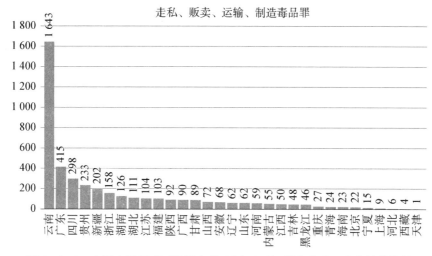

图4-5-2　全国省级行政区涉及走私、贩卖、运输、制造毒品犯罪案件的数量

---

[1] 参见云南省公安厅禁毒局公布数据。

[2] 牛何兰、任周阳、陈彦奇:《总体国家安全观视域下的云南边境毒品问题分析》,《云南警官学院学报》2018年第6期。

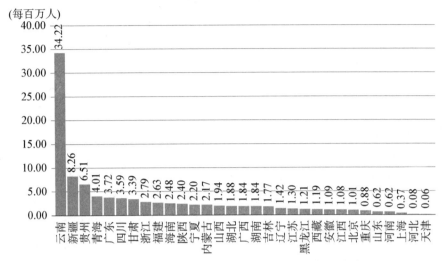

图 4-5-3 省级行政区范围内每百万人口涉及走私、贩卖、运输、制造毒品犯罪案件的数量

如图 4-5-2 和图 4-5-3 所示,不论是全国省级行政区涉及走私、贩卖、运输、制造毒品犯罪案件的数量,还是每百万人口涉及走私、贩卖、运输、制造毒品犯罪案件的数量,云南地区均排在第一位,并且在案件数量上与第二位差距明显。云南地区已然成为全国毒品犯罪的重灾区。毒品犯罪对于地区的影响也深远而严重,以云南地区为例,毒品犯罪的影响不仅波及社会稳定,更是延伸到经济发展。

《云南省高级人民法院禁毒工作白皮书》(2016—2018)指出,近年来云南地区毒品犯罪呈现四个主要特点。

第一,案件数量总体处于高位,相对平稳且呈上升趋势。据 2012 年至 2016 年数据统计,云南省一审审结毒品犯罪案件数在全国省份排名中位列第六。近年来,云南省毒品犯罪案件在全部刑事案件中的比例为 20% 左右,省高院毒品犯罪案件在全部刑事案件中的比例高达 60% 以上。

2016 年至 2018 年 10 月,云南省法院一审新收毒品犯罪案件共计 19 177 件,审结共计 19 103 件(含旧存),其中 2016 年至 2017 年判决发生法律效力的犯罪分子共计 13 236 人,判处五年有期徒刑以上刑罚的 8 000 余人。2017 年收案同比增长 7.92%,2018 年截至 9 月收案同比增长 8.79%。2017 年毒品犯罪案件结案数和判决发生法律效力的犯罪分子人数达到历史最高点,分别为 7 239 件和 8 357 人。目前毒品犯罪态势居高不下是境外罂粟种植、制毒贩毒加剧、制毒工艺升级以及吸毒群体需求等多种原因所致。

第二,毒品犯罪高发地区相对集中,大宗案件多发。云南省是缅北毒品向境内渗透的主要通道,毒品犯罪高发地区主要集中在"两线、三点"。一般来说,"两线"是指"西线"德宏、保山,"南线"西双版纳、普洱,"三点"分别是指位于"两线"之间的临沧和省会所在地昆明,以及文山。近年来,审判的万克以上的大宗毒品犯罪案件多发。云南省地理位置和便利交通等条件是大宗毒品犯罪高发于"两线、三点"地区的重要原因。

第三,毒品犯罪以海洛因、甲基苯丙胺片剂为主,涉其他毒品犯罪呈多发之势。近年来,云南省缴获走私、贩卖、运输海洛因和甲基苯丙胺片剂的数量居全国首位。据统计,2016 年至 2017 年云南省走私、贩卖、运输毒品犯罪案件约占全部毒品犯罪案件的 85％以上;涉毒品海洛因生效案件占全部生效毒品案件的 45％以上,涉毒品甲基苯丙胺片剂生效案件占全部生效毒品案件的 40％以上。涉氯胺酮等合成毒品犯罪不断出现。

第四,毒品犯罪与其他刑事犯罪相互交织,且犯罪手段不断翻新。毒品问题常与"黄、赌、盗、抢"等问题相互交织,诱发大量违法犯罪活动。不少吸毒人员沾染毒品后,很快走上制毒、贩毒道路,或者实施盗抢犯罪获取吸毒资金。吸食合成毒品极易诱发自杀自残、暴力行凶等极端事件,近年来各地已发生多起吸毒后杀人、驾车冲撞行人等恶性案件,严重危害人民群众的生命财产安全和社会和谐稳定。毒品问题还容易与暴力恐怖犯罪、黑恶势力犯罪发生关联,严重影响国家安全和社会公共安全。

云南省贩毒活动更加诡秘,毒品犯罪手段多样过境,毒品走贩运科技化、智能化手段增多,信息网上勾连、交易网上支付、毒品物流发货,交易便利性、隐蔽性增强,发现和查控难度增大;制毒前体流失严重,受境外制毒快速发展影响,境内制毒物品大量走私出境,云南省每年查获走私出境的制毒物品也在剧增。

云南边境地区毒品犯罪呈现武装化特征,对抗性、暴力性增强。[1] 接壤的缅甸北部民族地方武装力量与中央政府抗衡的军费多靠贩毒利润,毒品走私的风险不断加大,贩毒分子贩毒手法更加诡秘,武装贩毒活动不断增多,武装护毒的情况十分突出,构成"以毒养军、以军护毒"的格局。近年云南省查获武装贩毒案,缴获各类枪支数量有所增加,边境地区枪毒合流、武力对

---

[1] 李丕光:《云南边境地区毒品犯罪特点及对策》,《武警学院学报》2010 年第 9 期。

抗、强行闯关的事件明显加剧，犯罪嫌疑人随身携带枪支弹药及家中藏匿枪支弹药的情况突出，枪毒合流影响了边境地区的安全，给禁毒工作带来巨大挑战。

云南边境出现了利用特殊人群进行贩毒的状况，其中一些暴力恐怖分子可能会混杂其中，问题极为紧迫。① 近年，曾发现有涉恐人员非法从普洱江城偷越国境出逃到"金三角"地区。境外"以毒养军，以军护毒，以毒养恐"使得中缅边境的云南省既成为禁毒工作的主阵地和主战场，又成为首当其冲的反渗透、反暴恐、反介入的最前。② 毒恐所带来的后果不仅是破坏当地的政治、经济，更会将这种影响扩大到周边的国家，直接渗透到我国的国土和人民的安全。必须严厉打击东南亚的毒品生产和走私，严防恐怖主义触角伸到与云南接壤的"金三角"地区。③

毒品犯罪也阻碍了地区经济发展。云南作为北上连接丝绸之路经济带，南下连接海上丝绸之路的枢纽，在"一带一路"建设中具有突出的地缘优势。毒品问题对云南与"一带一路"沿线国家合作的影响也日益突出，从区域合作与发展的角度来看，境外的毒品问题是阻碍大湄公河次区域合作进程的"黑色屏障"，处于次区域各国接合部的"金三角"实际上已形成一个相对封闭的毒品经济圈，制约了其他产业的生成和发展，阻碍了中国特别是云南省与大湄公河次区域乃至东盟的相互开放和经济发展空间的对接，影响了边疆多民族地区和谐社会的构建。云南德宏、西双版纳、普洱、红河、临沧、保山等境外的缅北地区政治格局复杂，少数民族武装林立，经济落后，增加了"一带一路"合作开发的难度，随着澜沧江—湄公河国际航道和昆曼公路、泛亚铁路等国际通道的建设和开通，毒品跨国走私、贩运也将对中国和周边国家产生新的、更大的危害，影响中国与"一带一路"国家的合作。④

可以预见到，在当前和今后一个时期，云南仍将处于毒品问题加速蔓延期、毒品犯罪高发多发期、毒品治理集中攻坚期，禁毒斗争形势严峻复杂，禁毒工作任务十分艰巨。笔者通过对云南地区毒品犯罪形势的分析，针对云南地

① 李莎：《云南边境打击特殊群体涉毒犯罪面临的困境及对策分析》，《新疆警官高等专科学校学报》2013 年第 4 期。
② 夏立平：《中国国家安全与地缘政治》，中国社会科学院出版社，2017 年版第 155 页。
③ 牛何兰、任周阳、陈彦奇：《总体国家安全观视域下的云南边境毒品问题分析》，《云南警官学院学报》2018 年第 6 期。
④ 牛何兰、任周阳、陈彦奇：《总体国家安全观视域下的云南边境毒品问题分析》，《云南警官学院学报》2018 年第 6 期。

区毒品犯罪的现状,阐述当前云南地区已经启动的措施以及取得的成绩,以期能够对今后遏制云南地区毒品犯罪起到帮助作用。

第一,积极推进立体化边境防控体系建设,把毒品堵在境外。

针对毒源在境外的实际情况以及边境毒品犯罪活动呈现出的新特点、新规律,以及毒品问题对边境安全的影响,云南省边境地区正积极构建以"人防物防技防相融合、查打防管控相配合"的立体化禁毒防控网络建设,进一步加强堵源截流的能力,把毒品堵在境外。2017年,云南省部署立体化边境防控体系建设工作并选取西双版纳州勐海县打洛镇为试点先行先试,党政军警力齐心协力共筑共建,顺利完成打洛边境12.5公里边境示范点建设,沿打洛陆地边境线全线硬化巡逻道,修建防护栏,安装信息化设备,建设14个抵边警务室,打造爱国主义教育广场,动员4个边境村寨、118名护边员抵边居住。打洛项目建设,成为全省立体化边境防控体系建设的示范项目。①

第二,依托国家禁毒大数据中心云南项目,提高堵源截流能力。

2017年底国家禁毒大数据云南中心项目建设前期工作正式启动。中心确定"禁毒建、全警用,云南建、全国用,辐射南亚东南亚"的战略目标,积极打造数字化、智能化和现代化的禁毒联合作战体系。全国禁毒大数据中心整合公安警种数据资源,汇集全国禁毒数据资源,融合公安部禁毒局驻滇办职能,成为全国禁毒数据总枢纽,全方位服务全国禁毒工作。②

第三,加强中老缅泰柬越联合扫毒行动,推动"一带一路"建设发展。

中老缅泰柬越六国通过联合扫毒禁行动,在破获毒品案件,抓获犯罪嫌疑人,缴获各类毒品和易制毒化学品方面已经取得成效,有力打击了长期严重危害湄公河流域的毒品犯罪活动,遏制了其他违法犯罪问题的发生和蔓延,净化改善了澜沧江—湄公河流域整体治安环境。

第四,积极推进边境禁毒国际合作,努力提高境外禁毒除源的能力,减轻毒品对澜沧江—湄公河区域各国的危害。

在现有边境地区禁毒合作取得的成果基础上,继续加强禁毒国际合作,进一步完善与缅甸、老挝、越南等国的禁毒双边合作机制;建立与缅北地方政府和相关机构的边境合作机制;全力推动中老双边警方和各职能部门间的禁毒

① 《西双版纳推进立体化防控建设——织密边境"安全网"》,《人民公安报》2018年10月11日。
② 《"国家禁毒大数据云南中心"建成使用 云南禁毒工作迈进大数据时代》,《云南日报》2018年6月26日。

联络与合作；加强中越两国禁毒部门的沟通交流，启动禁毒合作机制。进一步加强与周边国家在边境管控、提升禁毒合作、打击跨境违法犯罪、情报信息交流、禁毒执法方面的合作，提高联合打击"金三角"地区毒品的效能，减少毒品生产，减轻毒品对澜沿江-湄公河次区域各国的危害。

第六节　犯罪危害情节的相关性分析

犯罪是一种社会现象，离开社会就无法对犯罪作出合理解释。犯罪是基于社会制度的弊端、社会的不完善、社会本身的局限性及罪犯在生理或心理上的缺陷等原因产生的，是妨碍社会公众生活及大众利益的一种消极力量，是社会结构及其功能发生变化的表现。不论其根源和原因，还是内容和结果，或是预防和控制都是社会性的，[①]正因为如此，犯罪问题是由多种因素造成，任何从单一的角度进行研究都具有其局限性。但是犯罪问题产生的基点在于其社会性，我们不应该孤立地看待犯罪问题，而是应该将犯罪问题与社会整体相联系。因此，著名的犯罪学家菲利在 20 世纪的二三十年代就认为，应当将犯罪现象作为一种社会现象纳入社会学的研究视野中，并进而提出"三元犯罪原因说"，他认为犯罪是三种因素相互作用的结果。一是人类学因素，这是犯罪的首要条件：包括罪犯的生理状况（脑异常、主要器官异常、感觉能力异常、反应能力异常等生理特征）、罪犯的心理状况（智力和情感）、罪犯的个人状况（年龄、性别、职业、教育、阶级状况等）。二是自然因素，也就是说我们生活在其中并未予以注意的自然环境，包括季节、气候、地理位置等。三是社会因素，包括社会秩序、经济状况、风俗习惯等。菲利认为这三人因素本身就存在着因果关系，每一种因素的相对作用都会随着每一种违法行为的心理学和社会学特征而产生作用。[②] 此外，他还十分重视对犯罪的社会原因进行研究，并指出，个人、自然、社会三大因素有一个相对的量的关系，并由此决定一定量的犯罪。[③] 当然此处并非是直接探究犯罪人犯罪的原因，而是借用菲利犯罪学分析的框架，从犯罪的社会学因素角度分析何种因素会影响到外来人口犯罪以及

---

① 崔琳：《社会学视野下的犯罪学研究综述》，《西南农业大学学报》(社会科学版)2010 年第 3 期。
② 潘永建：《犯罪学多因素理论的建立———恩里科·菲利〈犯罪社会学〉解读》，《中共郑州市委党校学报》2009 年第 2 期。
③ 郭星华：《当代中国社会转型与犯罪研究》，文物出版社 1992 年版，第 21—33 页。

累犯情节。

基于此,本研究从中国统计年鉴中提取了当年度人均 GDP、抚养比、城乡人口比、人均可支配收入、义务教育比、高等教育比以及城镇失业比等数据,并将之与外来人口犯罪、累犯进行相关性分析,期待能够从这些数据的分析中发现外来人口犯罪、累犯的内在规律。

一、外来人口总体案件数与区域经济发展的相关性分析

流动人口犯罪是社会人口大规模迁移过程中衍生的负面效应。自改革开放以来,流动人口在支持城市建设于繁荣城市经济等方面起到了不可缺少的促进作用,但其所产生的负面影响也不容忽视,其中外来人口的犯罪形势日趋严峻。尤其是在城市化进程加速进行,大量的农村剩余劳动力纷纷涌向城市,形成庞大的社会边缘群体导致的犯罪问题更加严峻,如表 4-6-1。

表 4-6-1　外来人口案件数相关数据的相关系数

	为外来人作案占比(%)
GDP(亿元)	-0.113
人均 GDP(元)	0.348
城镇人口比例(%)	0.231
抚养比(%)	-0.364^*
人均可支配收入(元)	0.391^*
义务教育比(%)	0.138
高等教育比(%)	0.449^*
城镇失业率(%)	-0.213

注:根据 SPSS 25.0 版本,标记 * 为数据有相关性,下同。

如上所述,前一年度研究基于 6 000 余份判决书进行相关性分析时,得出各个省市外来人口犯罪的案件数量与人均 GDP、人均可支配收入呈正比,其 Pearson 相关系数值分别为 0.426、0.466,进而得出人均可支配收入、人均 GDP 越高的地区,外来人口案件数越多的结论。而本次研究将样本量扩大到 50 000 余份判决书,做同样的相关性分析,得出外来人口犯罪占比数与人均 GDP、人均可支配收入的 Pearson 相关系数值分别为 0.348、0.391。尽管通常的结论会认为经济越发达的地方,外来人口犯罪会更严重,然而根据这两年的

跟踪研究,相关性可能会跟样本数据的总量有关,随着样本数据的加大,虽然其内在的相关性会减弱,但总体上经济发展水平与外来人口犯罪还是存在正相关关系。

相较 2016 年各省级行政区外来人口犯罪案件数与城镇人口比例相关系数为 0.387,得出城镇人口占比越高的地区、外来人口犯罪案件数越多的结论,2017 年实际计算得出对应 Pearson 相关系数值为 0.231,单纯从数据上来看,随着样本量加大,外来人口犯罪占比与城镇人口比例相关性不仅降低,而且基本上没有相关性。因此城镇人口比例在影响外来人口犯罪总体情况上而言,有待进一步考究。

本次研究相较上一年增加了三个相关性分析指标,即抚养比、受教育比(包括义务教育比和高等教育比)、城镇失业率。从抚养比上看,外来人口犯罪案件数与抚养比的 Pearson 相关系数值为 −0.364,说明抚养比率越高,外来人口犯罪案件数越少,二者成负相关关系。抚养比是指在人口当中,非劳动年龄人口与劳动年龄人口数之比。抚养比越大,表明劳动力人均承担的抚养人数就越多,即意味着劳动力的抚养负担就越严重,这就意味着从另一个角度看,本地劳动力抚养负担加重成为促发本地人犯罪数量增多的一大因子,反向降低外来人口案件的占比。受教育比率,从数据分析上来看,义务教育比与外来人口犯罪比无直接相关性,而高等教育比与外来人口犯罪比的相关系数为 0.449,说明本地高等教育比越高,外来人口犯罪占比越高,这一结论在前述能得到呼应,即高等教育往往与地方经济发展程度密切相关,经济社会发展越高,外来人口流动大,客观上增加了其犯罪潜在基数。城镇失业率,一般而言可能会认为本地城镇失业率高,会潜在增加本地人犯罪的可能性,从而降低外来人口犯罪比重。正如某些学者认为城市失业人员面临着再就业求职艰难、生活水平和社会地位直线下降的局面,他们也肯定会感受到变革前后社会地位的颠倒和现实生存状况的艰难,特别是对一些国有大企业职工来说,他们曾经拥有较高的生活水平和社会地位,而今却成为被市场经济淘汰的一群人,那些曾经为人们追求和向往的岗位而今地位却一落千丈。政治经济地位的跌落和巨大的心理落差,会使他们对各类社会现实存在着强烈的不满,这种不满很容易通过极端的方式宣泄出来,由此而成为影响社会稳定的隐患。[1] 然而本次样本数据分析显示,其相关系数为 −0.213,基本认定为没有相关性,可能是随

---

[1] 陈晓明:《引发犯罪的社会结构因素分析》,《甘肃政法学院学报》2007 年第 1 期。

着目前社会经济的发展催生各种创新的就业方式,城镇失业率这一数据并不能真正反映真实失业状况。

二、外来人口犯严重犯罪犯案占比的相关性分析

外来人口犯罪本身就是一种基于人口流动社会迁徙所造成的特有的社会现象,而严重犯罪本身就以其社会危害性的严重程度一直作为评价社会治安状况的首选指标,因此研究影响外来人口实施严重犯罪的相关性因素至关重要。

表4-6-2　　　　　八大类重罪外来人口犯案占比的相关系数

	人均 GDP(元)	城镇人 口比例(%)	人均可支 配收入(元)	义务教 育比(%)	高等 教育(%)	城镇失 业率(%)
八大重罪外 来人口犯案 占比(%)	0.332	0.212	0.388*	0.116	0.415*	−0.214

如上表示,在选取的几个指标中,城镇人口比、义务教育比、城镇失业率与八大重罪外来人口犯案占比的相关系数分别是0.212、0.116、−0.214,数据显示,这三个因素与外来人口犯案没有相关性或者具有极其弱的相关性,在某种程度上可能是因为八大重罪本身就是社会危害性极高的犯罪行为,虽然外来人口的增多会在一定程度上会给当地治安带来一定挑战,但是并没有直接影响的因素推动外来人口更倾向于实施如此危害性严重的行为。当然在提取数据中发现,人均可支配收入和高等教育率与八大重罪犯案占比具有正向相关关系,说明人均可支配收入越高,外来人口实施八大类犯罪的比重会更高。其原因可能在于外来人口大多来自于乡村,长期以来由于户籍制度为基础形成的城乡二元结构的存在,造成了城乡居民某种身份和地位上的不平等,[1]在城市化加速推进过程中,处于现代城市生活的个人更容易激发个人强烈的享受欲望,使他们产生不满、无助,甚至怨恨等心态,这些心态更容易促使外来人口实施更为严重的犯罪。高等教育率占比较高的地方,也同样会让外来人口感

---

[1] 包路芳:《城市适应与流动人口犯罪——北京犯罪问题的80年对比研究》,《中国农业大学学报》(社会科学版)2007年第4期。

受到待遇的不同,受过高等教育的城市人口在高楼大厦中工作,他们认为这些人工作轻松,而且待遇丰厚,反观自己辛辛苦苦劳动,却收入微薄。现实的反差导致外来人口的心里出现严重不平衡,因此"贫困不会产生犯罪,但是因贫困而不满却会而且奇怪地足以产生犯罪"[1]。

三、外来人口入户盗窃犯罪占比的相关性分析

相比较外来人口实施严重类犯罪而言,除了人均可支配收入与高等教育率同样是相关性较大的因素以外,人均 GDP、抚养比也与外来人口入户盗窃犯罪存在一定相关性。其中人均 GDP 与盗窃罪外来人口犯案占比的相关系数为 0.393,说明地区的人均 GDP 越高,地区入户盗窃犯罪中外来人口犯案占比越高。这已然成为比较普遍的规律,人均 GDP 越高的地区,地区经济发展水平越高,人民普遍生活水平就越高,自然吸引了众多外来人口的流入。可以注意到抚养比与入户盗窃犯罪外来人口犯案占比也存在关联,但是为负相关关系,其相关系数为 -0.406,说明地区抚养比越高,入户盗窃犯罪外来人口占比越低。

表 4-6-3　　　　　入户盗窃犯罪外来人口犯案占比相关系数

	人均 GDP(元)	城镇人口比例(%)	抚养比(%)	人均可支配收入(元)	义务教育比(%)	高等教育(%)	城镇失业率(%)
盗窃罪外来人口犯案占比%	0.393*	0.317	-0.406*	0.433*	0.241	0.469**	-0.195

正如前文所述,某一地区的抚养比越高,说明当地劳动人口面临的生活压力越大,从而反向降低了外来人口犯罪的比重;同时抚养比高说明存在大量的老年人没有得到足够的家庭成员的供养,促使老年人违法犯罪现象加重。特别是在入户盗窃犯罪中,老年人往往体质羸弱,但是借助丰富的社会阅历,他们更多实施的是轻型财产类犯罪,而非暴力性犯罪。并且在很大程度上老年

---

[1] 路易斯·谢利:《犯罪与现代化——工业化与城市化对犯罪的影响》,何秉松译,中信出版社 2002 年版,第 151 页。

人犯罪多呈现智能型犯罪，凭借自己智力和技能或假借他人之手达到非法目的。正如我国台湾学者蔡墩铭在《犯罪心理学》中指出："老年人对于财产犯之实施，不必亲自为之，亦可藉他人实行，尤其体力不济或行动不便之老人，多假手他人为其实施财产犯。例如教唆或帮助有责任能力人实施盗窃，然后分享赃物，抑或拟订计划，再利用无责任能力人实施盗窃，以达不劳而获之目的。"[1]当然此处并非探究老年人犯罪的相关问题，只是认为在抚养比作为外来人口入户盗窃犯罪犯案占比时，基于生活来源的压力所导致的老年人犯罪所可能产生的影响。

四、外来人口交通肇事犯罪占比的相关系分析

随着城市化进程的加快，城市交通体系越来越发达，汽车数量也以肉眼可见速度在增长，在方便人们出行提高人们日常生活质量的同时，也带来很多问题，比较显著的就是交通事故，因此针对交通肇事罪外来人口犯案占比进行相关性分析具有一定意义。

表4-6-4　　　　交通肇事罪外来人口犯案占比相关系数

	人均GDP(元)	城镇人口比例(%)	抚养比(%)	人均可支配收入(元)	义务教育比(%)	高等教育(%)	城镇失业率(%)
交通肇事罪外来人口犯案占比%	0.508**	0.531**	−0.527**	0.529**	0.588**	0.640**	−0.287

如表4-6-4所示，交通肇事罪外来人口犯案占比除与城镇失业人口相关系数为−0.287、相关性较弱以外，在给定的数据中，与人均GDP相关系数为0.508，与城镇人口比例相关系数为0.531，与人均可支配收入相关系数为0.529，与义务教育比相关系数为0.588，与高等教育比相关系数为0.640。上述数据表明交通肇事罪中外来人口犯案占比的影响性因素较多，并且与以上各个因素成正向相关，即人均GDP越高，城镇人口比例越高，人均可支配收入越高，义务教育比与高等教育比越高的地区，交通肇事罪中外来人口犯案占比

---

[1] 蔡墩铭：《犯罪心理学》(上册)，黎明文化事业有限公司1978年版，第95页。

就越高。其原因在于，一来城市经济发展加快，越来越多的外来人口流入，大部分外来人相对于本地人对城市的路况不熟悉，而且在车辆管理和驾驶员管理上相对于本地人都有很大的差距，同时道路交通规范在不同的城市也有很大差别，外地人相较于本地人对当地的道路交通规范不熟悉也是其交通肇事更高发的原因。二来城市基础设施建设的加快，使城市道路设计变得日益复杂，正如上海的道路设计，新手就更容易发生事故，反观经济不发达地区道路简单，车辆稀少，所能产生交通事故的可能性大大减少。

五、各省级行政区累犯案件与区域经济发展相关性分析

犯罪人在经过刑事处罚后再次犯罪本身就是一种独特的社会现象，其产生的根源不仅有犯罪人自身原因，更多地应该与社会整体的机制有关，因此在进行累犯相关性分析时同样也引入若干要素。从表 4 - 6 - 5 可看出，累犯占比同 GDP 总量、人均 GDP、城镇人口比例、人均可支配收入、义务教育比、高等教育比、城镇失业率的相关性都很弱，可认为这些要素与累犯占比之间并没有太大的相关性。但是比较值得注意的是抚养比与累犯占比的 Pearson 相关系数值为 0.381，表现为正向相关关系，说明社会抚养比越高，累犯占比越高。这一规律有学者也早有论及，于海琴早在 1999 年对 150 名劳教人员进行研究时，就得出劳教人员早期父母抚养方式与常规模式相比有显著差异，劳教人员所报告的来自父母的情感温暖、理解关心少于普通人，遭到来自父母的拒绝、惩罚、偏爱、过度干涉比较普遍。[①] 虽然时间比较久远，但是同样能够在一定程度上解释抚养比与累犯占比呈正相关的原因。抚养比高的地区，非劳动力人口会显著高于劳动人口，而非劳动人口主要是老人和青少年，也正是由于劳动人员所承担的抚养压力较大，其所能给予在家庭上的关注自然减少。当青少年长期缺乏来自父母的关注、家庭的温暖，自然会在其性格深处埋下愤恨、不满的种子，而这种因子客观上会导致他们法制观念极为淡薄，对法律的威严认识不足，部分犯罪人员分辨是非能力和自我控制能力尚不完整，思想不稳定，容易反复，这也是这类人员累犯、再犯更高的重要原因。

---

① 于海琴：《劳教人员早期父母抚养方式研究》，《心理发展与教育》1999 年第 3 期。

表4-6-5 累犯占比相关性数据

	GDP (亿元)	人均 GDP(元)	城镇人 口比例 (%)	抚养 比(%)	人均可 支配收 入(元)	义务教 育比(%)	高等 教育(%)	城镇失 业率(%)
累犯 占比%	0.245	−0.038	−0.105	0.381*	−0.005	−0.249	−0.198	−0.276

表4-6-6 各省级行政区 GDP 名次与累犯案件数排名差比

省级行 政区	累犯案件 数排名	GDP 排名	差比	省级行 政区	累犯案件 数排名	GDP 排名	差比
广东	1	1	0	湖北	11	7	4
广西	19	19	0	吉林	20	24	−4
浙江	3	4	−1	河南	10	5	5
福建	9	10	−1	江苏	8	2	6
安徽	12	13	−1	山西	17	23	−6
陕西	14	15	−1	重庆	24	17	7
辽宁	15	14	1	甘肃	18	27	−9
内蒙古	22	21	1	山东	16	3	13
黑龙江	23	22	1	河北	21	8	13
宁夏	28	29	−1	北京	25	12	13
海南	26	28	−2	天津	31	18	13
西藏	29	31	−2	云南	4	20	−16
湖南	6	9	−3	新疆	7	26	−19
江西	13	16	−3	上海	30	11	19
青海	27	30	−3	贵州	5	25	−20
四川	2	6	−4				

从具体省级行政区的 GDP 排名与累犯案件排名来分析不同地区的经济发展状况对累犯的影响关系,可能会更为直观。差比的绝对值表示二者排名差距波动的大小,前一年的分析差比结果绝对值大于等于 10 的,有北京市(11)、江苏省(10)、陕西省(10)、天津(10)、安徽省(−10)、贵州省(−10)、云南省(−16)、山西省(−19),而本次研究样本量扩大后,差比结果大于等于 10 的有,山东(13)、河北(13)、北京(13)、天津(13)、云南(−16)、新疆(−19)、上海(19)、贵州(−20),两年差比都较大的为北京、云南、天津,说明经济发展是一个影响因素,但是并不能对累犯有直接影响的因素。从差比分析中,不管是差

比较小的比如说广东（0）、广西（0），还是差比较大的，比如上海（19）、贵州（－20），在经济区域上分布都并没有呈现出比较规律的对应关系，这在一定程度上印证了去年的结论：即累犯的形成是多种因素共同导致的结果，其深层次是复杂的社会现象在犯罪学上的显现，也从侧面反映出对于累犯的防止，并不能一味地认为通过经济发展、社会福利的提高就能加以解决，要健全受过刑罚人员的社会再融入机制，从根本上实现刑罚的特殊预防目的。

第五章 犯罪管控治理指数

第一节 数据选取说明

课题组通过搜集 2017 年全国各省市、自治区中级以上人民法院的 15 437 份刑事判决书为样本，围绕案件侦破速度、二审改判率、律师参与率及辩护支持率、受贿罪的取保候审率等几个方面，从犯罪管控治理的角度对 2017 年各省级行政区的平安状况进行评估。

一、案件侦破速度

案件侦破速度，指案件发生之日到行为人被采取强制措施之日的间隔时间。通过判决书的记录，可以计算出案件侦破的间隔时间，再计算各省级行政区的平均侦破时间。案件侦破速度是一个地区司法效率的重要指标，也是让人民体会司法权威性、司法正义公信力的重要渠道。实践中，对于社会影响大、上级重视的大案要案，侦破速度一般十分迅速；而"视线"以外的、关乎民生小案常常被积压而迟迟得不到侦破。这与"紧紧围绕保障人民群众安居乐业的根本目标，更快破大案、更多破小案、更好控发案"的侦查理念还有一定差距。小案多见于侵财型的、多发的、受损金额相对较小的情形，一旦没有了上级和公众的关注，经常被忽视。在案件侦破速度章节里，课题组选取的罪名不仅包括八大严重案件，还兼顾了诈骗罪、交通肇事罪等与人民群众息息相关的罪名的侦查速度。其中案件侦破速度一节中，由于七百余份判决书中案发时间或者强制措施时间表述不全，因此课题组予以剔除。

二、二审改判率

二审程序是对一审案件事实认定和法律适用结果的审查,其改判率体现了一审裁判的质量以及当事人服判息讼的程度,影响着当地司法机关的形象,关系着社会治理的效果和整个地区的安定程度。而法院事实认定的准确性、法律适用的正当性以及裁判结果的可接受程度,体现着一个地区司法裁判的公信力以及该地区人民对司法公正的信任感,是该地区平安程度的衡量标准和人民安全感的重要来源。本研究主要从以下三个方面为切入点:第一,各省市区二审提起率及二审改判率。二审提起的比例可以体现当地司法的权威性和维护社会秩序的有效性,一个地区二审提起率越高,一审裁判的终局性、权威性和社会治理效果越差,一定程度上可以认为该地的平安程度更低。而二审改判率则反映了一审的裁判质量和当地司法机关的工作水平。第二,提起二审的主体。二审可以由被告人及其法定代理人、自诉人及其法定代理人、附带民事诉讼当事人提起,也可以由同级检察院以抗诉形式提起。被告人及自诉人上诉体现当地司法服判息讼效果,表现裁判结果的可接受度。第三,本文探讨了常见多发案件和八类重罪的二审改判情况。这类案件在实践中发生概率高、社会影响大,其公正判决和有效纠偏是一个地区司法公正的体现,也是该地区保障平安生活的必然要求。

三、律师参与率和律师辩护支持率

律师参与率和律师辩护支持率是保障被告人人权的重要因素,也是地方司法体系中不可缺少的一部分。目前,加强法律职业共同体建设是司法改革的重点任务,律师的有效参与不仅可以强化司法人权保障,也有利于防范冤假错案的发生。因此课题组也将律师参与率与有效辩护率作为调研各省级行政区平安指数的组成部分。

四、受贿罪的取保候审率、缓刑率

受贿罪是指,国家工作人员利用工作之便,索取他人财物或者非法收受他人财物为他人谋取利益的行为。被告人身份的特殊性可能会得到更多的取保候审的机会,因此,受贿罪取保候审率的高低,在一定程度上能评价当地依法办案的水平。加之对取保候审适用标准的模糊性,若受贿罪的取保候审率过高,对当地廉洁自律的法治氛围有不利影响。课题组选择以此作为突破点管窥司法机关的公正程度。在实践中,受贿罪的取保候审常常与缓刑并行适用,取保候审与缓刑二者是否有关联,也是我们探究的问题所在。该部分也是相较于去年的新增内容,我们更关注今年贪贿案件给地方司法公正指数带来的影响。

综上,我们选取案件侦破速度、二审改判率、律师参与率及有效辩护率以及受贿罪的取保候审率与缓刑率作为群众司法安全感的重要考量指标。案件侦破速度与人民安全感呈正相关性,案件发生之后,侦破速度越快,意味着公安机关办事效率高,犯罪人得到了及时的惩治,社会稳定性增强。二审改判率与社会平安指数呈负相关,改判率越高,意味着原判决在法律适用上出现一定的偏差,容易降低司法公信力。律师参与率与辩护支持率对人民安全感呈正相关,律师作为辩方角色,可以在司法过程中最大限度地保障犯罪嫌疑人、被告人的权益不受侵害,有利于实现控辩双方的平衡。而受贿罪是本次研究的创新内容。作为"劳而不获"的典型职务犯罪,受贿罪涉案主体复杂,具有权力性与私密性的特征。无论是侦查还是审判阶段,往往受到各种因素的影响,都是反腐败斗争中着力打击的对象,取保候审以及缓刑的适用率一定意义上可以窥探司法公正受干扰程度。

第二节　案件侦破速度

一、案件侦破速度整体排名及分析

及时打击犯罪对于维护公众安全感至关重要。由于侦查工作是一项时间性很强的诉讼活动,确保时效是顺利完成侦查任务的一个极其重要的条件。犯罪分子作案之后为掩盖罪行、逃避罪责总是想方设法隐匿、伪造、毁灭证据,有的可能与同案人订立攻守同盟,继续危害社会。因此刑事案件从发生到侦破所使用的时间,与司法机关的工作效率有密切关系,同时也与人民群众的安全感密切相关。在犯罪暴露程度一定的前提下,侦查人员获取犯罪信息与证据的能力即侦查整体能力,直接影响着犯罪信息和证据的获取质量和数量水平及速度。侦查整体能力越强,侦查人员实际获得的信息和证据质量就越高,数量就越多,速度就越快。从案发到侦破案件使用的时间越短,说明司法机关积极作为、工作效率高,人民群众的生活满意度也会得到维护。

影响犯罪暴露程度的因素有:犯罪性质与类型、犯罪活动方式与手段、犯罪主体情况,特别是犯罪主体的反侦察水平与狡诈程度等。影响侦查主体获取犯罪信息与证据能力的要素包括:侦查人员的思维素质、专业水平和敬业精神;侦查基础工作和保障工作的状况;侦查保障工作包括经费保障、人力资源保障、信息资源保障、技术装备保障、后勤供应保障等,这些因素直接影响着获取犯罪信息与证据的途径、措施、手段及其效能。在实际办案中处理案件时间短、程序合法、付出人力物力少而精干、处理结果正确、查获案件的影响大及数量多、打击与预防犯罪功能强等特征,都是侦查效率高的表现。但在我国处于社会主义初级阶段,侦查资源不足、经验紧缺、相关法律制度不完善、客观条件受限等不利因素多,都成为提高破案速度的障碍。同时,侦查力量缺乏、整体素质不高、财力支持不足、技术手段薄弱、社会支持较少等原因,导致侦查效率低下。本研究选取从案发到采取强制措施的间隔时间作为切入点,以案件处理侦查速度来窥探各省市区的侦查效率。

本研究在汇集整理 2017 年各省、自治区、直辖市中级以上人民法院判例结果之后,摘取从案发到侦破的时间均数,并对结果进行升序排名,通过分析各省级行政区案发到采取强制措施的间隔时间均数衡量各省级行政区平安状况。

在此需说明,案件侦破时间是指,某一案件从发生之日(若有的判决书未写明具体发生日期,则以案件被司法机关发现之日起为准)至法院作出判决之日之间的日期差。将每一案件耗费的侦破天数相加之后,除以案件量总数,即可得出平均案件侦破速度。

由图 5-2-1 可见,宁夏的案件侦破天数长达 1 065 天,侦破速度最慢,其次是青海(1 026)、辽宁(1 001)和河北(947)。而上海的侦破速度均数为 86 天,排名全国第一,其次是云南(105)、新疆(319)和内蒙古(379)。从经济发展水平看,在间隔时间较长的五个省级行政区中,基本都是经济发展水平较落后的地区。从地理位置看,在间隔时间较短的四个省级行政区中,除上海外,基本属于地广人稀的边陲地区。各省级行政区平均案件侦破速度从三个月之短到三年之久,效率差距迥异,可能涉及其他因素如案件类型、人口流动状态、交

(案发到拘留时间：天)

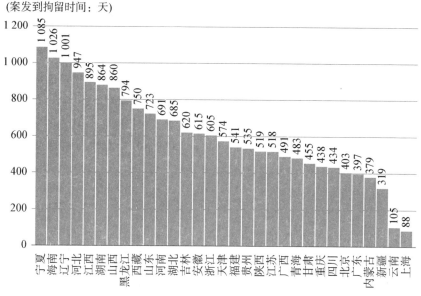

图5-2-1　各省级行政区案件侦破时间排名

通状况、政策因素等影响,有待进一步考察分析。

相比之下,北京在2016年的侦查速度最慢,在侦破速度排名中以平均822天排在了全国倒数第一,而2017年北京排在了全国第六名的位置,作为一国政治中心,这一结果还是不能让人满意,具体原因有待结合其他因素分析。此外,2017年各省市区的侦查数据(697天)远远高于2016年的平均侦破天数(439天),可能是摘取的案件类型、提取数据技术等缘由造成的。

二、严重犯罪案件侦破速度排名及分析

运用法律手段遏制、预防严重犯罪,是当前维护社会治安秩序的重要环节。严重犯罪案件的侦破速度对当地平安建设有重要影响,是民生得以保障和民心得以稳定的重要衡量点,若情节严重、社会影响恶劣的犯罪案件迟迟不能侦破,不利于当地社会安全,也会影响到人民群众的安全感和司法满意度,对法治平安建设造成极大负面影响。本研究对八大严重犯罪,即故意杀人罪、故意伤害罪(必须达到重伤或者死亡)、强奸罪、抢劫罪、放火罪、贩卖毒品罪、投放危险物质罪和爆炸罪的各省级行政区平均侦破时间进行了统计。案件侦

破时间的计算方法采用的是案发时间到犯罪嫌疑人被拘留的时间的平均数，单位是天数。

通过采集判决书数据，严重犯罪的侦破速度如图5-2-2所示，可以看出对于严重犯罪侦破时间最长的前四名是天津、黑龙江、山西和海南，分别为781天、773天、744天和695天。时间最短的前三名是上海、云南和新疆，以77天、82天、125天的成绩位居全国前三名。侦破时间最短的三个省份与整体案件侦破速度排名的省份保持一致，而如天津、黑龙江、山西等重罪侦破时间较长的省份可以通过推进司法改革，进一步提升司法效率。值得注意的是，北京作为政治首都，案件侦破速度却排在全国第11名，与排名第一的上海相比，侦查速度差距较大。两座城市作为全国经济体量数一数二的发达地区，分化明显，具体原因还需进一步分析。案件侦破速度是一个地区治安和社会治理水平的重要衡量标准，自然也是平安程度的重要考量指标，对于到案时间的两极分化严重问题，我们还应进一步寻找深层次原因。

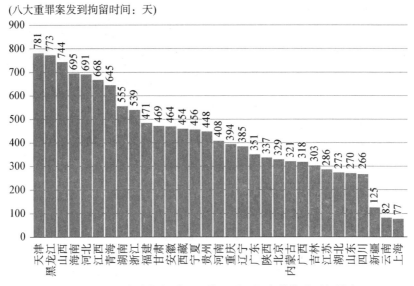

图5-2-2　各省级行政区八大严重犯罪案件侦破时间排名

对于一个处于法治构建初始阶段的国家来说，案件侦破速度与公正程度息息相关，是关系民众内心司法权威性、公正性的重要指标。严重犯罪的社会危害性、主观恶性均较大，对地方民众的人身安全造成较大威胁，因此为了保证一方的平安法治发展，侦查机关对案件侦破速度应予以重视，加强相关投入。

三、抢劫罪侦查速度排名及分析

抢劫罪作为常见多发和严重危害人身和财产安全的罪名,历来是司法严惩的重点。抢劫罪的迅速侦破能有效维护人民群众的社会安全感。课题组选取抢劫罪作为考量侦破速度的罪名之一,我们发现,侦破速度排名前三的是云南、湖北和内蒙古,分别是 75 天、171 天和 177 天。而位居末尾的城市大多经济不够发达,如西藏(1 960 天)、黑龙江(2 492 天)和海南(3 299 天)。广东省、福建省、河南省抢劫案判决书最多,是 120 份、71 份和 65 份,但三省份的侦破速度居于全国中间,这可能和地方地理环境、办案机制、政策重视程度等息息相关。相比上一年的侦破时间,2017 年的内蒙古、吉林有了很大的好转,分别是 177 天和 750 天。在判决书中也可能有一些偶然性因素,例如摘取的判决书中该省级行政区的抢劫罪案件数量较少,影响到大环境下的判断。北京、上海和天津的案件数据收集不全(图 5 - 2 - 3),无法得到科学有效的数据,因此没有纳入排名中来。

表 5‐2‐1　　　　　　各省级行政区抢劫罪侦破速度排名

名次	省级行政区	抢劫罪案发到拘留时间(天)	名次	省级行政区	抢劫罪案发到拘留时间(天)
1	云南	75	15	吉林	750
2	湖北	171	16	广西	770
3	内蒙古	177	17	重庆	789
4	山西	211	18	安徽	915
5	新疆	248	19	广东	916
6	山东	371	20	福建	970
7	青海	421	21	河南	985
8	四川	463	22	辽宁	1 004
9	湖南	494	23	贵州	1 044
10	江苏	536	24	江西	1 246
11	甘肃	565	25	浙江	1 260
12	陕西	634	26	西藏	1 960
13	宁夏	642	27	黑龙江	2 492
14	河北	746	28	海南	3 299

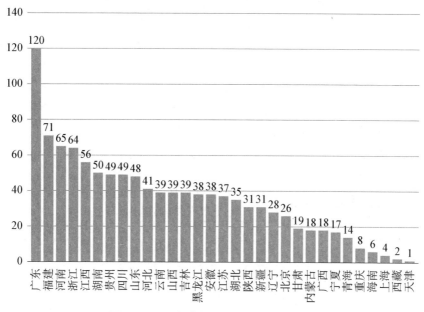

图5-2-3 各省级行政区抢劫罪案件数

四、诈骗案件侦破速度排名及分析

由于判决书北京、青海、天津的案件数据收集不全,无法得到科学有效的数据,因此没有纳入排名中来。在排除北京、青海、天津的无效数据后,从表5-2-2可以看出,西藏、重庆和黑龙江的侦破速度较快,分别是60天、75天和154天。研究组分析原因,认为西藏作为少数民族自治区上传案件数量有限,基数较小,因此诈骗罪的侦破速度不一定有代表性。重庆作为扫黑除恶的重点整治地区,对于诈骗罪这一与洗钱罪等有密切联系的犯罪也较之严厉了许多,对诈骗罪打击力度更强劲。而黑龙江与紧排其后的湖南、贵州、福建,分别位居全国第3—6名,对诈骗犯罪的打击更为迅速。这些地区人均GDP相对较低,对诈骗罪的侦破速度居于全国前列,可能是诈骗的发生会给当地人民本就拮据的生活带来极大困扰,若不及时解决将会引发更多的社会弊病,因此在强烈的民意督促下公安机关打击侦破的时间更为快速,也更加重视以普通公民为受害人的经济犯罪。对于上海、广东、浙江这些经济发展较快的地区,诈骗罪的侦查速度都排在全国第10—20名之间,可能是与这些地区电子商务优越,电信诈骗占比较大有关。浙江、上海、广东历来是网络企业、科技企业以及人才等发展的重要聚集地,电信诈骗的手法更为专业和先进。电信诈骗罪具有犯罪时空跨度大、流窜结伙作案、隐蔽性高、犯罪手段多样化;侵害目标随意化,作案人与被害人之间缺乏因果关系;越发职业化和智能化,犯罪过程精细化;证据难以固定、犯罪容易得逞、难以追赃等特点,[1]并且往往牵涉银行、警方、通信等多个部门,需要各部门协调配合。因此电子诈骗的破案成本要高于普通诈骗,耗费时间以及人力物力自然也更多一些。研究组认为,这些长三角、珠三角的省份诈骗罪侦破天数位于全国中间名次,是电信诈骗的特点决定的。

表 5-2-2　　　　　　各省级行政区诈骗侦破速度排名

名次	省份	诈骗罪案发到拘留时间(天)
1	西藏	60
2	重庆	75
3	黑龙江	154
4	湖南	170
5	贵州	182
6	福建	209
7	陕西	209
8	湖北	252
9	河南	258
10	宁夏	271
11	新疆	291
12	甘肃	300
13	江苏	334
14	上海	352
15	河北	368
16	云南	369
17	广东	427
18	浙江	498
19	四川	566

---

[1] 张昇:《论如何提高公安机关的"小案"侦破效率》,《贵州警官职业学院学报》2017 年第 5 期。

续表

名次	省份	诈骗罪案发到拘留时间(天)
20	辽宁	610
21	安徽	612
22	山东	667
23	内蒙古	765
24	吉林	777
25	江西	811
26	广西	986
27	山西	1 105
28	海南	1 534

五、交通肇事罪侦破速度排名及分析

由表5-2-3可知,对于交通肇事罪侦破速度排名前五的是北京、青海、浙江、重庆和海南,分别是 22 天、43 天、46 天、54 天和 86 天,这些地区整体来说是经济较为发达的地区。而有 14 个省级行政区的交通肇事罪案件侦破时间超过 1 000 天,与侦破时间较短的地区差异悬殊。其中,山西、山东、江西、吉林、湖南、辽宁、宁夏分别以 2 093 天、2 298 天、2 368 天、2 984 天、3 371 天、4 348 天和 4 970 天居于末尾,也能看出我国各省级行政区交通肇事罪的案件侦破天数存在极大的不平衡。一般而言,交通肇事作为一种典型的过失犯罪,犯罪嫌疑人主观恶性不大,案发后也易被人发现。随着大数据的应用,现在城市道路监控系统十分发达,信息联网能及时发现异常交通事件,因此能很快查询到交通肇事者。此类案件侦破工作较为简单、耗时较短。但是数据显示有些地区的侦破时间较长,可能是因为有些案件的肇事者逃逸,迟迟没有归案,造成案件不能在较短的时间内得以侦破。逃逸案件具有肇事发案快、逃逸形成快、加重事故本身的损失、引起社会不良后果的特征,若不能及时侦破,受害者及家属心理失衡,可能引发上访告状、乱猜疑、瞎报复,有碍社会稳定的现象,更加不利于地区的法治平安风气,因此如宁夏、辽宁、湖南、吉林等,破案效率排在后面的省级行政区应予以重视。

表5-2-3　　　　　各省级行政区交通肇事罪侦破速度排名

名次	省份	交通肇事罪案发到拘留时间(天)
1	北京	22
2	青海	43
3	浙江	46
4	重庆	54
5	海南	86
6	天津	117
7	新疆	139
8	甘肃	147
9	江苏	165
10	福建	174
11	贵州	197
12	广东	246
13	安徽	450
14	内蒙古	495
15	云南	512
16	黑龙江	1 013
17	广西	1 024
18	陕西	1 377
19	河南	1 624
20	湖北	1 711
21	河北	1 753
22	四川	1 943
23	山西	2 093
24	山东	2 298
25	江西	2 368
26	吉林	2 984
27	湖南	3 371
28	辽宁	4 348
29	宁夏	4 970

第三节　二审改判排名及分析

刑事二审是对一审人民法院做出的判决或者裁定的复核和纠错，是实现被告人程序权益和实体权益救济的重要途径。二审改判率体现着一个地区一审判决结果的准确性和稳定性,也体现着人民群众对判决结果的接受度和对司法机关的信任度。二审改判率的高低,可以体现出某一地区司法机关裁判案件的专业水平,从而反映该地的社会治安治理水平。刑事诉讼的价值不仅在于查明事实、追究法律责任,也在于定纷止争、恢复社会关系,而二审改判率正是对这两项价值的集中体现。

一、各省级行政区案件二审提起率

本研究统计各省市区进入二审程序的案件占总案件数的比例。如图5-3-1所示,在全国31个省级行政区中,排名第一的安徽省的二审率达67.74%,排名第二的河南省二审率达67.58%。这两个省份案件总数较多,且这两个省份地域较广,人口众多,各地司法机关水平参差不齐,导致其裁判质量相较其他地区有待提高。四个直辖市即北京、上海、天津、重庆,二审率分别为53.89%、48.65%、42.11%、51.52%,排名分别为第11名、第17名、第21名、第12名,处于平均水平。而案件总数较多的云南和新疆,二审率却排在全部31个省级行政区的末位,分别为15%和13.24%。这两个省级行政区在案件总数远超其他地区的情况下,二审率大幅低于其他地区,换言之,这些地区大多数案件是一审结案,没有上诉或者抗诉,造成这一现象的原因即可能是审

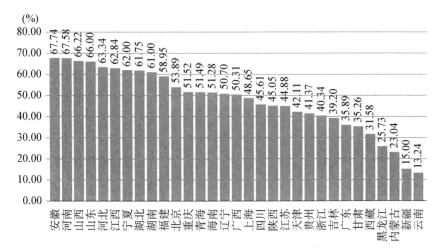

图5-3-1　各省级行政区二审占比率

判质量有所保障,审判结果的可接受度较高,也可能是由于当地经济水平落后,人民法治意识薄弱,缺乏通过上诉维护自己合法权利的意识。

二、各省级行政区案件改判率

二审改判率一方面体现二审的纠错效果,另一方面体现一审判决的准确性。如图 5-3-2 所示,在全国 31 个省级行政区中,天津的二审改判率排名第一,高达 100%。同时,包括天津在内还有青海、广西、内蒙古、西藏、安徽、贵州共 7 个省级行政区的改判率大于 90%,处于较高水平。除天津之外的三个直辖市中,重庆地区的二审改判率为 86.76%,排名第 15,上海地区二审改判率为 72.22%,排名第 27,北京地区二审改判率 53.61%,排名第 31。这三个城市的二审改判率均低于平均水平,尤其是北京市,其二审改判率为全国最低,结合其二审比例来看,说明北京市的判决稳定性较高,司法机关审理案件的水平位于全国前列。被告人提起二审的数量在二审案件总数中的占比较高的省级行政区如安徽(90.24%)、河南(87.00%)、山西(88.12%)、山东(88.47%)、河北(84.26%),其二审改判率同样处在较高水平,说明二审法院对进入二审程序的大多数案件进行了纠正,二审的纠偏功能得以实现,保障了当事人的上诉利益,实现了司法公平与正义。

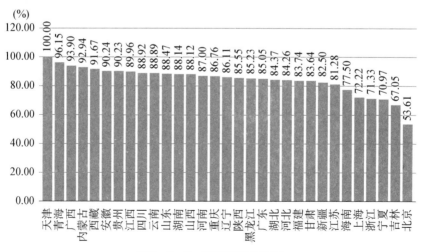

图 5-3-2　二审改判占比率

表 5-3-1　　　　　2016—2017 年各省级行政区二审改判率　　　　单位:%

地区	2017 年	2016 年	差值	排名
宁夏	70.97	75.00	−4.03	1
吉林	67.05	65.10	1.95	2
河北	84.26	77.00	7.26	3
河南	87.00	77.60	9.40	4
江苏	81.28	71.70	9.58	5
福建	83.74	74.10	9.64	6
重庆	86.76	73.60	13.16	7
湖北	84.37	71.20	13.17	8
山东	88.47	74.10	14.37	9
新疆	82.50	67.40	15.10	10
湖南	88.14	73.00	15.14	11
陕西	88.12	72.80	15.32	12
安徽	90.24	74.40	15.84	13
陕西	85.55	66.70	18.85	14
江西	89.96	69.60	20.36	15
四川	88.92	68.30	20.62	16
浙江	71.33	49.80	21.53	17
北京	53.61	31.50	22.11	18
广东	85.05	61.70	23.35	19
贵州	90.23	65.60	24.63	20
海南	77.50	52.80	24.70	21
辽宁	86.11	61.00	25.11	22
甘肃	83.64	58.00	25.64	23
青海	96.15	65.80	30.35	24
天津	100.00	67.60	32.40	25
广西	93.90	58.80	35.10	26
黑龙江	85.23	50.00	35.23	27
内蒙古	92.94	48.50	44.44	28
云南	88.89	44.10	44.79	29
西藏	91.67	30.30	61.37	30
上海	72.22	10.60	61.62	31
平均数	84.83	61.09	23.74	
标准差	0.091 422 84	0.156 939 12		

如表 5-3-1 所示,与 2016 年相比,2017 年度的改判率整体有所提高,全

国二审改判率的平均数有所增加，标准差减小。这说明各个地区的二审改判率更加接近，且二审程序所承担的修正功能有所加强。其中，上海、西藏两个地区的二审改判率显著增加，增加幅度分别为61.62%、61.37%。二审改判率增加最少的地区是吉林，仅增加1.97%。而宁夏地区的二审改判率不增反降，降低4.03%。上诉作为被告人重要的维权途径，对于被告人而言，能够获得改判的结果固然是令人满意的，但倘若一个地区的二审改判率过高，就不由得让人怀疑该地区的一审职能是否能够有效发挥，其审判过程是否流于形式，司法资源是否遭到浪费。

为了考察我国目前的一审审判质量，本研究又统计分析了近五年来我国的二审情况。

如表5-3-2所示，近五年来二审收案数量显著增加，但二审裁判中裁定维持原判的比例显著下降，这说明越来越多的上诉案件存在事实认定、法律适用上的错误，需要二审程序予以纠正，也进一步体现了前文所述的观点，即一审查明事实真相、正确适用法律的功能没有得以实现，导致仅凭一审程序无法达到服判息诉的效果。同时，从表中可以看出近五年二审改判比例较为稳定，改判的平均值为12.35%。从表中还可以看出，近五年来二审撤诉的比例显著增加，从最初的2013年12.03%逐渐增长为2017年的20.15%，即更多的人在提起上诉进入二审程序后又撤回上诉，导致这一现象的原因可能是二审的无条件启动导致上诉权利的滥用，使得越来越多的被告人任意提起上诉，在认为无减轻可能或无有效证据的情况下又撤回上诉，造成司法程序的重复和司法资源的浪费。对于上诉权滥用这一现象，其他国家和地区都提出了相应的预防措施，例如日本和我国台湾实行"复审式"程序，没有法律规定的上诉理由则不得提起上诉，我国澳门地区也规定没有依据的上诉理由，二审不予受理。因此，是否需要对上诉权利进行限制，还是一个需要思考的问题。

三、各省级行政区被告人提起二审的占比及排名

二审程序的启动可能是因为检察院抗诉，也可能是因为被告人提起上诉。被告人提起上诉意味着其对一审判决结果的接受程度弱，没有达到服判息诉的效果，这一效果也一定程度上体现了某一地区一审判决结果的质量和司法裁判结果的可接受度。本研究通过计算被告人提起上诉的案件数与二审案件总数之比，求出各省市区被告人提起二审占比。如图5-3-3所示，被告人提

表 5 – 3 – 2

2013—2017 年二审情况

年份	二审收案	二审结案	维持	维持占比	改判	改判占比	发回重审	发回占比	撤诉	撤诉占比	调解	调解占比	其他	其他占比
								其中						
2017	151 753	154 277	91 885	59.56%	18 489	11.98%	10 112	6.55%	31 084	20.15%	289	0.19%	241	0.16%
2016	146 929	148 441	90 071	60.68%	18 385	12.39%	9 708	6.54%	28 806	19.41%	200	0.13%	1 271	0.86%
2015	143 219	141 155	90 245	63.93%	15 571	11.03%	9 648	6.84%	24 275	17.20%	256	0.18%	1 160	0.82%
2014	121 397	118 915	77 495	65.17%	14 314	12.04%	7 574	6.37%	18 156	15.27%	311	0.26%	1 065	0.90%
2013	105 514	102 991	67 897	65.93%	14 724	14.30%	6 560	6.37%	12 385	12.03%	343	0.33%	1 082	1.05%

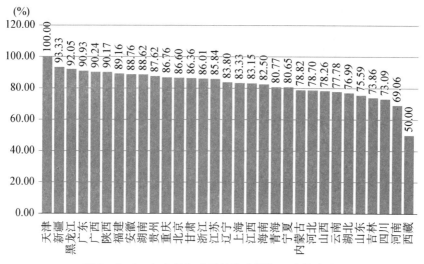

图5-3-3　各省级行政区被告人提起二审的占比

起上诉占比最高的地区是天津,达100%。根据统计,天津共计8件案件是由被告人提起上诉进而启动二审的,这一案件数量虽然不高,但占比较大。如前文所述,天津的二审提起率不高,在全国31个省级行政区中排名第21,而该地的二审改判率很高,为100%,排名第一。这就说明天津地区的一审裁判质量较高,使得二审率较小,且二审程序主要是通过被告人提起上诉启动,在二审过程中被告人能够实现改判,维护自身合法权益,对一审的错误进行了纠正,符合二审程序纠偏和保护被告人权利的目的。被告人提起上诉最低的地区是西藏,仅有50%进入二审的案件是由被告人提起上诉,其他则由检察院提起。据统计,西藏的二审率排在全国末位,且二审改判率不高。其被告人提起二审的占比较小,一方面是可能是因为改判率低导致部分被告人认为无提起上诉的必要,另一方面可能是因为西藏作为经济欠发达地区,过长的诉讼过程会给被告人带来一定的经济负担和时间成本,这使得许多被告人愿意接受一审裁判结果。除天津外的三个直辖市中,重庆的被告人提起上诉占比达85.76%,北京的被告人提起上诉占比达86.6%,上海的被告人提起上诉占比达83.3%,均处于较高水平。同时,经济水平较发达的广东、福建、江苏、浙江等地的被告人提起上诉也排在前列,可见这些地区由于经济状况较好、司法资源较为丰富,公民维权意识更强,更有意愿通过提起上诉来争取自身的合法权利。控辩双方的对抗更有助于法官查明案件事实,正确适用法律,因此维护被告人的上诉权利,使其在正当的范围内积极行使上诉权,有助于维护一个地区的司法公正。同时,被告人积极上诉对检察院的公诉和法院的审判工作也起到一定的监督作用,唯有控辩审三方都尽职尽责,才能使一个地区的法治水平得到提升,使公民在每一个案件中感受到公平正义。

四、各省级行政区八类重罪案件改判占比及排名

八类重罪包括故意杀人罪、故意伤害罪、强奸罪、抢劫罪、放火罪、贩卖毒品罪、投放危险物质罪和爆炸罪。这八类犯罪行为社会危害性大,社会影响恶劣,与一个地区的平安指数息息相关。在 31 个省级行政区中,八类重罪改判比例位于前 4 名的省级行政区是天津、青海、广西、内蒙古,这与前文统计的总体二审改判比完全一致,其他城市的八类重罪改判率排名也与整体二审改判率排名基本一致,可以看出这四个地区的二审案件的主要类型集中在这八类严重犯罪。其原因可能在于此八类犯罪往往犯罪情节复杂,事实认定困难,且侦查难,尤其是对于青海、广西、内蒙古、甘肃等警力不充足、法治发展较为落后的地区,无论是侦察阶段的证据采纳,还是起诉、审判阶段的犯罪事实和量刑情节认定都存在一定困难,更容易导致错判的发生。这类犯罪在一审时不能准确进行定罪量刑,对整个社会的平安程度有非常负面的影响,极大地损

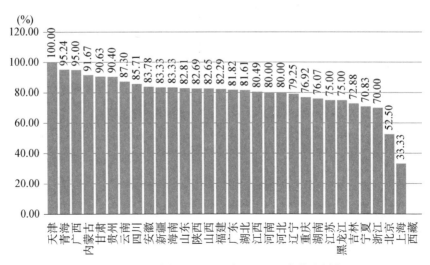

图 5-3-4 各省级行政区八种严重犯罪案件改判占比

害了民众内心的安全感和对司法机关的信任感,同时也导致被害人的正义无法得到伸张,损害无法得到赔偿。除天津外,其他三个直辖市中,北京的八类重罪改判率为52.5%,上海的八类重罪改判率为33.33%,重庆的八类重罪改判率为76.92%。这三个直辖市的八类重罪改判率均低于平均水平。尤其是上海市的八类重罪改判率位于全国第30名,系第1名的三分之一,结合八类案件的上诉情况,可以说上海市司法机关在办理八类犯罪的案件时普遍能够做到事实认定清楚,适用法律正确。值得注意的是,西藏地区的八大重罪改判率为零,一方面可能是因为西藏整体的二审率低,进入二审程序的案件数较少,没有包含此八种重罪名;另一方面可能是因为西藏地区一审判决对这八种犯罪的认定准确率高,无需改判。当然也可能是因为西藏地区的裁判文书上网工作存在偏差,导致部分文书没有在网上公开。

整体来看,对比2016年的统计数据,八类重罪的改判率有所提高。如表5-3-3所示:

表5-3-3　2016—2017年各省级行政区八类重罪案件改判占比　　　　单位:%

地区	2016年	2017年	差值	排名
内蒙古	34.38	91.67	57.29	1
云南	30.80	87.30	56.50	2
北京	19.40	70.00	50.60	3
广西	47.02	95.00	47.98	4
甘肃	42.86	90.63	47.77	5
贵州	44.03	90.40	46.37	6
青海	52.08	95.24	43.16	7
黑龙江	34.94	75.00	40.06	8
四川	45.65	85.71	40.06	9
海南	44.83	83.33	38.50	10
上海	16.22	52.50	36.28	11
新疆	48.08	83.33	35.25	12
广东	48.42	81.82	33.40	13
浙江	36.84	70.00	33.16	14
江西	51.06	80.49	29.43	15
天津	72.22	100.00	27.78	16
辽宁	51.59	79.25	27.66	17
吉林	45.52	72.88	27.36	18

续表

地区	2016 年	2017 年	差值	排名
山西	56.59	82.65	26.06	19
陕西	56.67	82.69	26.02	20
江苏	49.00	75.00	26.00	21
安徽	61.58	83.78	22.20	22
湖北	62.50	81.61	19.11	23
重庆	59.09	76.92	17.83	24
山东	65.34	82.81	17.47	25
湖南	58.75	76.07	17.32	26
福建	66.14	82.29	16.15	27
河南	64.67	80.00	15.33	28
河北	68.25	80.00	11.75	29
宁夏	65.22	70.82	5.60	30
西藏	21.05	0.00	−21.05	31
平均值	49.06	78.68	34.02	

如表 5-3-3 所示,大多数地区的八类重罪案件改判率都有明显的提高。提高幅度最大的地区是内蒙古,2016—2017 年八类重罪案件改判率差值为57.92%。同时,云南、北京、广西等地改判率变化幅度也处在较高水平。而宁夏、西藏地区八类重罪案件改判率变化幅度较低,宁夏地区仅增长 5.60%,而西藏地区因本年数据为零,改判率呈现负增长。

五、各省级行政区抢劫案件二审改判占比及排名

抢劫罪对于被害人的人身和财产都可能造成巨大伤害,对整个社会治安也有重大影响,其准确的认定对于维护社会稳定和提高地区平安程度起着重要的作用。与 2016 年相比,2017 年各省级行政区抢劫案件二审改判占比没有显著的改变。如图 5-3-5 所示,广西、新疆和海南三个省级行政区的抢劫罪二审改判率均高达 100%,说明这三个地区在抢劫罪的定罪量刑上存在较为严重的问题,导致其一审判决正确率低,稳定性差。抢劫罪的数额认定、情节认定和转化型抢劫的认定是刑事判决中的难点,也是导致抢劫罪裁判错误的主要原因。这三个地区均是我国法治水平较为落后的地区,司法工作人员水平参差不齐,可能导致在上述问题的认定上出现较多错误。四个直辖市中,天津

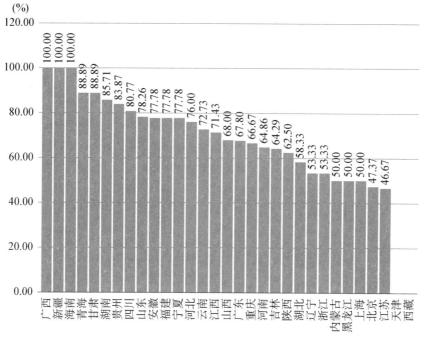

图5-3-5 各省级行政区抢劫罪案件二审改判占比

市的抢劫罪改判率为0,这与天津市八类重罪的改判率有较大差异。北京和上海的抢劫罪改判率较低,分别为46.67%和47.37%。重庆市的抢劫罪改判率为66.67%,较其他三个直辖市而言改判率较高,但仍然低于平均水平。内蒙古和黑龙江地区抢劫罪改判率均为50%,处于较低水平。

六、各省级行政区故意伤害案件二审改判占比及排名

与2016年相比,2017年各省级行政区故意伤害案件二审改判率显著提高。如图5-3-6所示,新疆、青海、甘肃、重庆和内蒙古五个地区故意伤害罪的改判比例并列第一,均为100%。可以看出,这五个地区在故意伤害罪的认定上存在较大问题,导致其一审定罪量刑存在大量错误。除重庆以外的三个直辖市中天津和上海的故意伤害案件改判率为0,北京故意伤害案件改判率为30.77%。可以看出,这三个地区的故意伤害案件改判率都处于较低水平,说明其司法公信力较高,与一般认知相一致。宁夏、浙江、湖南、广东的故意伤害

案件改判率也处于较低水平,主要是因为这些城市八类重罪整体改判率较低,进入二审程序的比例也较小,因此故意伤害罪的改判也是少数。

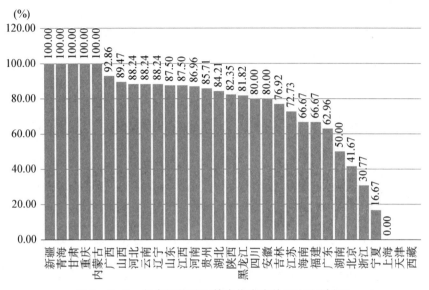

图 5-3-6　各省级行政区故意伤害案件二审改判占比

七、各省级行政区电信诈骗案件二审改判占比及排名

电信诈骗二审改判率最高的地区是西藏,其改判率高达 100％,即全部进入二审程序的电信诈骗案件均予以改判。电信诈骗二审改判率排名第二的地区为重庆,改判率为 75％。电信诈骗二审改判率排名第三的地区为海南,改判率为 66.7％。电信诈骗二审改判率排名第二的地区为甘肃,改判率为 61.54％。如图 5-3-7 所示,电信诈骗二审改判率较高的城市普遍是法治水平较为落后的地区,因为电信诈骗具有隐蔽性、随机性、广泛性等特点,多为团伙作案,涉及范围较广,这就导致了侦查困难、取证困难、数额认定困难等多种问题。

八、各省级行政区交通肇事案件二审改判占比及排名

交通肇事案件改判率前五的地区是重庆、海南、北京、天津、青海,其改判率均为 100％,换言之,所有进入二审程序的交通肇事案件都予以改判,一方面

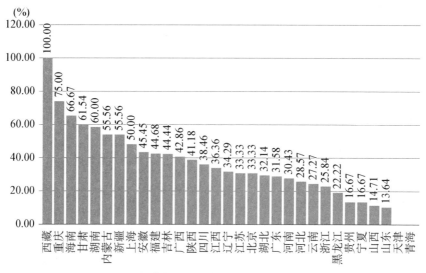

图 5-3-7　各省级行政区电信诈骗案件二审改判占比

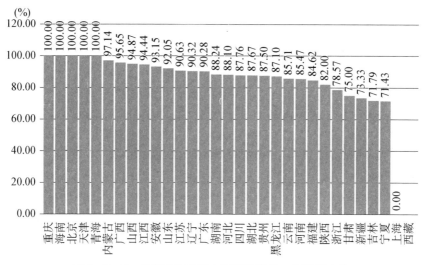

图 5-3-8　各省级行政区交通肇事案件二审改判占比

可能是由于这些地区其交通肇事案件的办案质量较低,另一方面也是由于交通肇事罪的特殊性质,一审二审之间可能出现新情况、新理由,进而导致改判。交通肇事罪作为过失犯罪,其一审判决作出后被告人及其家属往往会对被害人进行赔偿并取得其谅解,这就导致二审中会酌定减轻这类被告人的刑事责任。同时,交通肇事作为常见多发案件,往往由基层法院审理,基层法院由于案件基数大、审判任务重、审判人员专业素质参差不齐,导致审判质量有待提高。交通肇事罪改判率最低的三个地区是西藏、上海和宁夏。但是这三个地区中上海和西藏的改判率为 0,而宁夏的改判率为 71.43%。上海和西藏的交通肇事案件改判率显著低于其他地区,一方面是因为其办案质量较高,另一方面是因为其裁判文书上网工作存在偏差,导致部分文书没有在网上公开。总体来看,各省级行政区交通肇事罪的改判率的平均值比前文中所其他犯罪的改判率的平均值要高,一方面说明交通肇事案件的裁判质量普遍较低,另一方面也说明交通肇事罪往往更易发生一审判决作出后赔偿或者刑事和解的情节。

第四节 律师参与率排名及分析

在我国以纠问式为主的诉讼模式导致控辩双方力量差距悬殊。被告人往往缺乏法律知识,在控辩对抗中处于弱势。在辩护人缺位的情况下,面对强大的国家机关,其权利极容易遭到损害。而辩护律师作为诉讼过程的亲历者,对程序的合法性和实体的合法性能起到监督作用。因此,律师积极参与诉讼对查明事实真相、保障被告人权利、作出正确判决有着重要作用。目前我国的法律市场面临着律师资源分布不均、律师水平参差不齐的问题,律师参与率与一个地区的平安水平息息相关,下文将具体分析各省级行政区律师参与刑事诉讼的情况。

一、各省级行政区委托辩护率

如图 5 - 4 - 1 所示,委托辩护率排名前三的地区分别是安徽、天津、浙江。其委托辩护率分别为 83.22%、80.00% 和 79.29%,相差不大。四个直辖市中天津的委托辩护率最高,重庆次之,委托辩护率在全国 31 个省市中排名第四,达到 74.21%。上海排名第九,达 71.79%。北京则比例较低,排名第 23,委托辩护率为 62.50%。这样的统计结果与一般的认识存在一定出入。四个直辖市中经济较为发达、律师数较多的北京和上海在委托辩护率的排名中并没有位居前列,其委托辩护率反而远远低于天津和重庆,这一现象值得深思。通过后续的统计,课题组发现,北京地区的律师辩护支持率较低。由此推测,导致

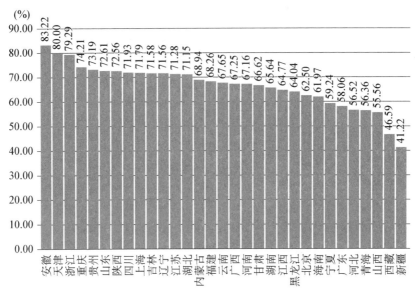

图5-4-1　各省级行政区委托辩护率

北京地区委托辩护率低的原因可能是一般民众认为刑事案件中聘请律师对案件的判决结果影响不大,故不愿聘请律师。同时,北京地区律师的收费标准普遍较高,这可能导致一些轻微犯罪案件当事人不愿意聘请律师。另外,京沪两地公民的法治意识普遍较强,对于一些案件可能会选择刑事和解的方式解决,或者倾向于依靠其了解的法律知识在庭审中进行自行辩护。委托辩护率排名最低的六个地区分别为广东、河北、青海、山西、西藏、新疆。这六个地区中,河北、青海、山西、西藏、新疆人均GDP较低,属于经济发展较为落后的城市,但广东作为经济发达、法治发展状况良好的省份,其委托辩护率之低引人深思。总体来看,我国31个省级行政区的委托辩护率相比2017年有了整体的提高,这也说明我国的律师市场发展更为成熟,律师在诉讼过程中的作用逐渐得到认可,公民法律意识和维权意识提高,是我国法治建设成功的体现。

| 表5-4-1 | 2016—2017各省级行政区委托辩护率 | | 单位:% |
地区	2016年	2017年	差值	排名
上海	12.63	71.79	59.16	1
甘肃	45.86	60.72	14.86	2
贵州	36.93	50.03	13.10	3

续表

地区	2016 年	2017 年	差值	排名
浙江	59.19	70.66	11.47	4
陕西	46.31	56.33	10.02	5
江西	46.58	54.74	8.16	6
安徽	69.54	77.60	8.06	7
湖南	56.33	62.77	6.44	8
江苏	64.84	71.02	6.18	9
吉林	55.81	61.98	6.17	10
辽宁	56.30	61.49	5.19	11
青海	53.16	58.05	4.89	12
宁夏	51.47	54.62	3.15	13
重庆	69.09	71.35	2.26	14
湖北	57.08	59.29	2.21	15
天津	70.59	72.00	1.41	16
福建	67.84	66.28	−1.56	17
河南	59.36	57.41	−1.95	18
山东	63.94	61.73	−2.21	19
四川	56.94	53.51	−3.43	20
河北	51.46	47.58	−3.88	21
西藏	54.55	50.00	−4.55	22
山西	54.86	50.12	−4.74	23
内蒙古	55.83	51.06	−4.77	24
广东	55.70	47.90	−7.80	25
广西	61.73	52.90	−8.83	26
海南	58.33	49.30	−9.03	27
云南	46.49	33.36	−13.13	28
黑龙江	61.03	45.82	−15.21	29
北京	58.33	40.09	−18.24	30
新疆	66.67	36.80	−29.87	31

　　如表 5 - 4 - 1 所示,与 2016 年相比,15 个省级行政区委托辩护率有显著提高,16 个省级行政区则有所降低。委托辩护率增长幅度最大的地区是上海市,其委托辩护率增长了 59.16%。同时,甘肃、贵州、浙江等地同样增长明显,分别增加了 14.86%、13.10%、11.47%。减少最明显的地区是新疆地区,相比 2016 年减少 29.87%。

二、各省级行政区每万人中拥有律师数量

如图5-4-2所示,各个地区每万人拥有律师数量存在较大差异。北京作为全国的政治中心和最高法院、最高检察院的所在地,其经济发展水平较高,法律资源极大丰富,每万人拥有律师数位列全国第一,为14.77人。这个数据虽然与发达国家相比还存在一定的差距,但已经远远领先于其他地区。上海市作为我国的金融中心,律师市场发达,法治水平较高,每万人拥有律师数量为10.81人,位列全国第二。与北京相比有一定差距,但也远高于其他地区。同为直辖市的天津市位列第三,每万人拥有律师数量为4.77人。而一些经济欠发达地区,如西藏、安徽、海南,这些地区的每万人拥有律师数量较少,分别为0.24、0.89、0.94。换言之,这些地区甚至每一万个人不能有一名律师,这就导致了被告人在诉讼过程中更难获得律师的帮助,其权利更容易受到侵害。

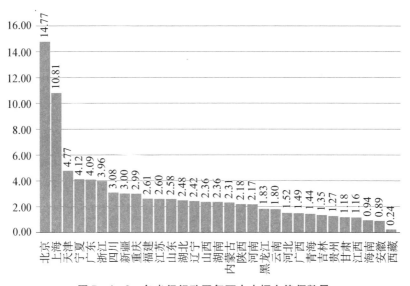

图5-4-2 各省级行政区每万人中拥有律师数量

三、各省级行政区一审委托辩护率

一审程序是控辩双方的第一次交锋,也是法官查明事实的关键程序。当

事人一般会倾向于在一审中委托辩护人,尽早争取自己的合法权益。如图5-4-3所示,一审委托辩护率最高的地区为江苏省,其委托辩护率达到96.16%。其他委托辩护率大于90%的地区还有重庆和上海,其委托辩护率分别为92.37%和90.91%。除了上海与重庆,另外两个直辖市的一审委托辩护率普遍较低,天津的一审委托辩护率为68%,北京的一审委托辩护率为59.09%。如前文所述,北京的一审委托辩护率与其总体委托辩护率一样,在31个省市中处于较低水平,其原因还需要进一步深挖。一审委托辩护率最低的五个省级行政区分别是黑龙江、广东、西藏、新疆、云南。这五个地区中,除广东以外都属于经济发展较为落后的省份,其一审辩护率低的原因可能与当地经济发展水平、律师资源以及公民意识有关。但广东的一审辩护率与一般认识存在出入,其可能的原因是广东地域宽广,各地经济水平参差不齐,律师资源分布不均等。

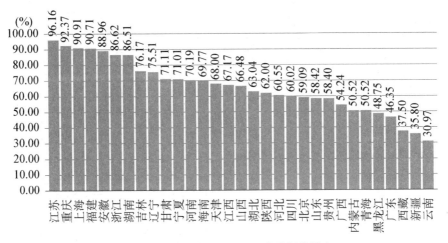

图5-4-3　各省级行政区一审委托辩护率

四、各省级行政区二审委托辩护率

二审是对一审裁判结果的纠偏,被告人在二审程序中获得辩护人的帮助可以更好地维护其实体权利和程序权利。如图5-4-4所示,二审委托辩护率最高的地区是安徽,达76.3%。值得注意的是,西藏地区的二审委托辩护率高达 71.88%,位列第三,是二审委托辩护率最低的北京的 3.4 倍,是同一地区一审委托辩护率 1.9 倍。其可能的理由包括:当地公民更关注二审程序,认为在二审程序中再聘请律师更有价值。如前文所述,西藏地区的二审率仅 31.8%,处于较低水平。结合这一上诉情况可以推断,该地区进入二审程序的案件数较少,而提起上诉的被告人大多是有备而来,有较为明确的上诉利益,因此也会选择聘请辩护人为自己辩护。四个直辖市中,天津市二审委托辩护率达 76%,排名第二;上海市二审委托辩护率达 65%,排名第五;重庆市的二审委托辩护率达 59.51%,排名第九;北京市二审委托辩护率为 20.94%,排名第三十一。可以看出,除北京外其他直辖市的二审委托辩护率都处于较高水平,而北京的二审委托辩护率则远远落后于其他地区,其中理由值得探讨。

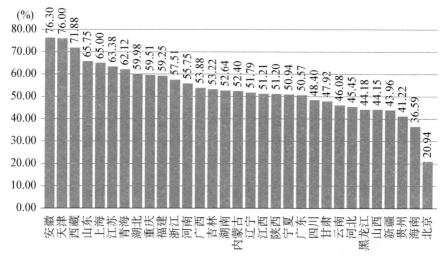

图 5-4-4　各省级行政区二审委托辩护率

五、各省级行政区委托辩护数与指定辩护数比较

本次研究对比了各省级行政区委托辩护率与指定辩护率的统计结果。一般认为,委托辩护率高的省市区指定辩护率普遍较低。本研究随后统计个省市委托辩护率和指定辩护率的差值,从而进一步佐证这一假设。

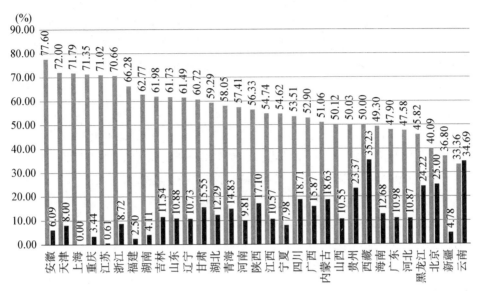

图5-4-5 委托辩护占比（深色）、指定辩护占比（浅色）

表5-4-2 省级行政区委托辩护率和指定辩护率的差值 单位：%

地区	委托辩护	指定辩护	差值	排名	省市区	委托辩护	指定辩护	差值	排名
上海	71.79	0	71.79	1	青海	58.05	14.83	43.22	17
安徽	77.60	6.09	71.51	2	山西	50.12	10.55	39.57	18
江苏	71.71	0.61	71.10	3	陕西	56.33	17.10	39.23	19
重庆	71.35	3.44	67.91	4	广西	52.90	15.87	37.03	20
天津	72.00	8.00	64.00	5	广东	47.90	10.98	36.92	21
福建	66.28	2.50	63.78	6	河北	47.58	10.87	36.71	22
浙江	70.66	8.72	61.94	7	海南	49.30	12.68	36.62	23
湖南	62.77	4.11	58.66	8	宁夏	54.62	18.71	35.91	24
山东	61.73	10.88	50.85	9	内蒙古	51.06	18.63	32.43	25
辽宁	61.49	10.73	50.76	10	新疆	36.80	4.78	32.02	26
吉林	61.98	11.54	50.44	11	贵州	50.03	23.37	26.66	27
河南	57.41	9.81	47.60	12	黑龙江	45.82	24.22	21.60	28
湖北	59.29	12.29	47.00	13	北京	40.09	25.00	15.09	29
四川	53.51	7.98	45.53	14	西藏	50.00	35.23	14.77	30
甘肃	60.72	15.55	45.17	15	云南	33.36	34.69	—1.33	31
江西	54.74	10.57	44.17	16					

如表5-4-2所示,与此前的假设不同,指定辩护率的高低与委托辩护率的高低没有必然联系,并不是委托辩护率越高指定辩护率越低。二者的差值大小也与指定辩护率的高低与委托辩护率的高低没有必然联系。差值最大的省市为上海市,二者差为71.79%。上海的委托辩护率在所有地区中也处于较高水平,因其发的律师行业与超高的法治水平,其对指定辩护的需求率较低,从而导致了二者的差距较大。差值排名最低的地区是云南省,其指定辩护率高于委托辩护率,这也是因为云南地区法治发展和经济发展较为落后,使多数人没有能力或没有意识聘请律师,进而导致其委托辩护率低而指定辩护需求大。值得注意的是,北京地区的指定辩护与委托辩护差值排名第29名。如前文所述,北京的委托辩护率较低,但是其指定辩护率较高,在全国排名第三。这就导致了二者的差值较小。其指定辩护率高的原因可能在于,北京市是全国最高人民法院的所在地,全国范围内的重大案件易汇集在此处,其中就包括的大量的可能判处无期死刑,或者具有其他应当予以法律援助的情形的案件。因此,其指定辩护率更高,从而导致了北京的委托辩护率与指定辩护率差值较小。

六、各省级行政区八类重罪案件辩护人委托率占比及排名

如图5-4-6所示,整体来看八大严重犯罪的委托辩护率高于全部犯罪的委托辩护率,这是因为在严重犯罪案件中如果被告人的合法利益没有得到维护,对被告人的生活会造成更大的影响,因此有更多的被告人愿意聘请律师以确保其权利得到保障。与2016年相比,2017年各省级行政区八类重罪案件辩护人委托率大幅度降低。八大严重犯罪委托辩护率的平均值是59.34%,远超刑事案件的总体辩护率。为何两个数据会有如此巨大出入,可能存在以下原因。其一,本研究的原始数据皆为中级及以上人民法院的裁判文书中统计而来,通常此类在中级以上人民法院审判的案件都为重大案件,被告人及其家属更倾向于聘请律师。其二,中级以上人民法院判决的部分案件,即使当事人不聘请律师,法庭也会为他指派法律援助律师。八大严重犯罪的委托辩护率最高的城市是重庆,达87.01%。而八大严重犯罪的委托辩护率最低的地区是西藏,仅为21.62%。除重庆外其他三个直辖市中,天津八大严重犯罪的委托辩护率为80%,上海八大严重犯罪的委托辩护率为75.68%,北京八大严重犯罪的委托辩护率为38.15%。可以看出,与前文结论一致,直辖市中除北京外八

大严重犯罪的委托辩护率都处于较高水平,而北京的八大严重犯罪的委托辩护率不但排名位于末位,其数值也与其他地区相差甚远,造成这一现象的原因还有待深究。

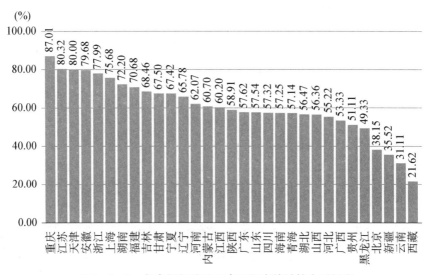

图 5-4-6　各省级行政区八类重罪案件辩护人委托率

七、各省级行政区抢劫罪案件辩护人委托率占比及排名

如图 5-4-7 所示,从整体来看,2017 年抢劫罪的委托辩护率低于全部犯罪的委托辩护率,与 2016 年相比,各地区八类重罪案件辩护人委托率都有所降低。可能是因为抢劫罪是传统白然犯,且往往是性质恶劣的暴力性案件,其犯罪人受教育水平普遍较低,法治意识普遍较弱。同时,此类案件往往案情简单,辩护空间较小,加之侵犯财产犯罪的被告人大多经济状况较差,故而不愿聘请律师。抢劫罪的委托辩护率最高的城市是天津,达 100%。但这一数据缺乏合理性,根据课题组的统计,天津地区符合条件的抢劫案件仅有一件,这一件案件委托辩护人与否并不能完全反映当地的法治水平。抢劫罪的委托辩护率最低的地区是西藏,为 0。与天津市同理,西藏的抢劫案件数量较少,仅有 2件,因此不能完全反映当地的法治水平。结合前文的统计,除天津和西藏两地外,上海、海南、重庆的案件数量也不足十件,因此其抢劫罪的委托辩护率存在一定的不合理性。除天津外其他三个直辖市中,重庆抢劫罪的委托辩护率为

68.75％,上海抢劫罪的委托辩护率为 71.43％,北京抢劫罪的委托辩护率为 23.81％。可以看出,与前文结论一致,直辖市中除北京外抢劫罪的委托辩护率都处于较高水平,而北京抢劫罪的委托辩护率不但排名位于末位,其数值也与其他地区相差甚远。对比 2016 年的统计结果,北京的抢劫罪的委托辩护率也有大幅度下降,这一现象的原因还有待探讨。

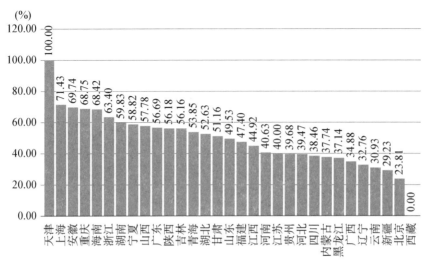

图 5-4-7　各省级行政区抢劫罪案件辩护人委托率

八、各省级行政区故意伤害罪案件辩护人委托率占比及排名

如图 5-4-8 所示,整体来看,2017 年故意伤害罪的委托辩护率高于全部犯罪的委托辩护率,与 2016 年相比,各省级行政区八类重罪案件辩护人委托率有所降低。相比其他犯罪,各个地区故意伤害罪的委托辩护率数值的标准差较小,这可能是因为故意伤害罪作为传统自然犯罪更能引起公民的普遍重视,使犯罪人更倾向于委托辩护人为自己辩护。故意伤害罪的委托辩护率最高的城市是天津市和重庆市,均达 100％。在课题组的统计过程中发现,在各类犯罪的委托辩护率均处在较高水准,为分析这一现象的原因,本研究统计了各地区的故意伤害罪的委托辩护数。

如图 5-4-9 所示,尽管天津和重庆的故意伤害委托辩护率较高,但其故意伤害委托辩护数量却排在末位,尤其是天津市仅有 5 起案件委托了辩护人。

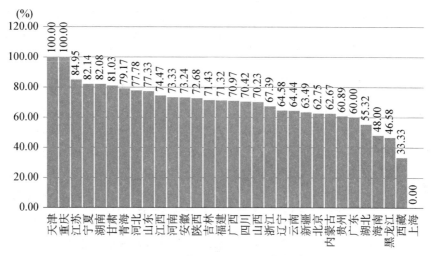

图5-4-8　各省级行政区故意伤害罪案件辩护人委托率

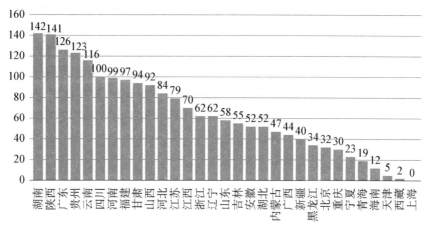

图5-4-9　各省级行政区故意伤害罪案件辩护人委托数

反之,故意伤害委托辩护率较低的广东、湖南等地,其故意伤害委托辩护数量排在全国前列。结合前文对故意伤害案件数量的统计,青海、海南、天津、宁夏、西藏、上海等地的故意伤害案件犯案率较低,均不足10件,因此其故意伤害委托辩护率辩护率高的原因可能是因为案件数本身较少,统计结果存在一定偏差。

故意伤害罪的委托辩护率最低的地区是上海,为0。同理,经统计,上海地区的故意伤害案件仅有1件,因此这一件案件未委托辩护人,并不能真实反映上海地区的法治水平。除上述三个地区以外,同为直辖市的北京故意伤害罪委托辩护率为62.75%,远高于北京地区整体的八大严重犯罪委托辩护率。

九、各省级行政区盗窃罪案件辩护人委托率占比及排名

如图5-4-10所示,整体来看,2017年盗窃罪的委托辩护率在课题组统计的各类犯罪中处于较低水平,且经济欠发达地区的盗窃罪委托辩护率比发达地区更低,与2016年相比,各省市区八类重罪案件辩护人委托率辩护不大。可能是因为盗窃罪作为传统自然犯,且属于常见多发案件,案件数量众多,其犯罪人受教育水平普遍较低,法治意识普遍较弱。同时,此类案件往往案情简单,辩护空间较小,加之大多数被告人经济状况较差,故而不愿聘请律师。盗窃罪的委托辩护率最高的地区是青海,达73.77%。盗窃罪的委托辩护率最低的地区是四川,为15.56%。四个直辖市中,天津盗窃罪的委托辩护率为69.23%,重庆盗窃罪的委托辩护率为53.85%,上海盗窃罪的委托辩护率为54.17%,北京盗窃罪的委托辩护率为21.99%。可以看出,与前文结论一致,直辖市中除北京外盗窃罪的委托辩护率都处于较高水平。盗窃罪委托辩护率最低的三个地区分别是云南、新疆和四川,其委托辩护率分别是18.43%、18.34%和15.56%,与排在前列的城市相差巨大,与其他犯罪的委托辩护率相

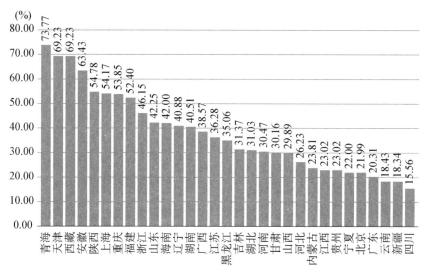

图5-4-10 各省级行政区盗窃罪案件辩护人委托率

比也处在较低水平。这三个地区都属于经济不发达地区,其人均 GDP 均排在全国 31 个省级行政区的后十名,且城镇人口比例较低,也就是说其非城市人口较多,经济状况较差,实施盗窃行为的被告人委托辩护人主张权利的可能性更小。同样经济状况较差、城镇人口比例较低的江西、贵州和宁夏,其盗窃罪的委托辩护率也处于较低水平,这也佐证了本次研究的观点。

十、各省级行政区电信诈骗犯罪案件辩护人委托率占比及排名

如图 5 - 4 - 11 所示,整体来看,2017 年电信诈骗犯罪的委托辩护率低于全部犯罪的委托辩护率,可能是因为电信诈骗在一般人的认识中属于轻微犯罪,这导致了一些被告人对其犯罪行为没有引起足够重视而放弃聘请律师。电信诈骗犯罪的委托辩护率最高的地区是西藏,达 100%。电信诈骗犯罪的委托辩护率最低的地区是青海和天津,为 0。除天津外三个直辖市中,重庆电信诈骗犯罪的委托辩护率为 66.67%,上海电信诈骗犯罪的委托辩护率为 56.25%,北京电信诈骗犯罪的委托辩护率为 43.37%。整体来看,四个直辖市

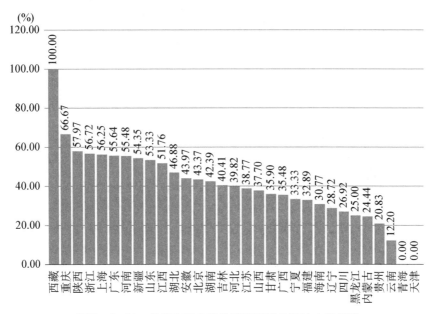

图 5 - 4 - 11　各省市区电信诈骗犯罪案件辩护人委托率

的电信诈骗案件委托辩护率都处于中上水平，这与当地的法治发展水平与经济发展水平相关。同时，从前文的统计中可以看出，北京、上海、天津、重庆四个地区的电信诈骗发案率较低，案件数量较少，这也影响了辩护率的统计。换言之，即使这些地区委托辩护数量较低，但其比例依旧能维持在较高水平。

十一、各省级行政区交通肇事罪案件辩护人委托率占比及排名

如图5-4-12所示，整体来看，2017年交通肇事罪的委托辩护率低于全部犯罪的委托辩护率，可能是因为交通肇事属于常见多发案件，且裁判结果较为稳定，辩护空间小。交通肇事罪的委托辩护率最高的地区是重庆、北京和天津，均达100%。但是，从前文的统计中可以看出，北京、上海、天津、重庆四个地区的电信诈骗发案率较低，案件数量较少，这也影响了辩护率的统计。除上述三个地区，同为直辖市的上海交通肇事罪委托辩护率为0，与西藏并列成为交通肇事罪委托辩护率最低的地区，这一结果与一般认知相悖。同时课题组注意到，根据前文的统计，新疆、河南、山东等地交通肇事案件数较多，但如图所示，此三地的交通肇事委托辩护率反而都处于较低水平，其可能的原因是这些地区都属于经济水平较低的地区，对于交通肇事这种常见多发的案件，当事人倾向于不委托辩护人参与诉讼。

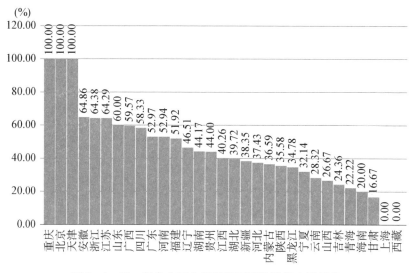

图5-4-12　各省市区交通肇事罪案件辩护人委托率

第五节 律师辩护支持率

一、各省级行政区律师辩护支持率

如图5-5-1所示,全国31个省级行政区中律师辩护支持率最高的地区是黑龙江,达68.42%,这与前一年统计的数据相差较大。排名第二的地区是西藏,达68.29%。这两个地区的经济发展水平较为落后,法治水平相对较低,但律师辩护率却超过了其他发达地区,这种现象值得思考。其可能的原因是这些地区律师辩护得到支持的案件本身就较少,数据存在一定的偶然性。四个直辖市中,上海和天津的律师辩护支持率都处于较高水平。上海的律师辩护支持率为66.07%,排名第三。天津的律师辩护支持率为65%,排名第四。重庆的律师辩护支持率达49.42%,排名第十。但北京的律师辩护支持率42.26%,排名第十六。北京的律师执业水平与司法环境应当普遍高于全国其他地区,之所以出现这种现象,有可能与北京的司法资源配置、侦查技术水平较高有关,法官对于定罪量刑的把握较为精准,辩护律师发挥作用的空间并不大。

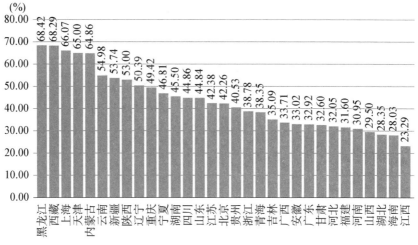

图5-5-1 各省级行政区律师辩护支持率

表 5-5-1　　　2016—2017 年各省市区律师辩护支持率　　　单位:%

地区	2016 年	2017 年	差值
黑龙江	43.00	68.42	25.42
陕西	47.87	53.00	5.13
上海	63.64	66.07	2.43
内蒙古	70.73	64.86	−5.87
云南	60.98	54.98	−6.00
北京	51.04	42.26	−8.78
西藏	77.70	68.29	−9.41
辽宁	60.56	50.39	−10.17
四川	55.83	44.86	−10.97
山东	56.35	44.84	−11.51
浙江	51.70	38.78	−12.92
重庆	62.44	49.42	−13.02
湖南	62.50	45.50	−17.00
宁夏	64.67	46.81	−17.86
河南	54.30	30.95	−23.35
山西	53.33	29.50	−23.83
江苏	66.26	42.38	−23.88
河北	57.42	32.05	−25.37
吉林	60.98	35.09	−25.89
安徽	59.15	33.02	−26.13
广西	59.90	33.71	−26.19
天津	91.67	65.00	−26.67
新疆	81.54	53.74	−27.80
广东	61.20	32.92	−28.28
贵州	69.53	40.53	−29.00
青海	68.63	38.35	−30.28
海南	60.00	28.03	−31.97
福建	64.10	31.60	−32.50
甘肃	67.95	32.60	−35.35
湖北	65.22	28.35	−36.87
江西	70.65	23.29	−47.36

　　如表 5-5-1 所示,整体来看,各省级行政区律师辩护支持率普遍呈下降趋势,仅有三个地区的律师辩护支持率有所提高,分别为黑龙江、陕西、上海。提高幅度最大的地区是黑龙江省,其辩护支持率上涨 25.42%。辩护支持率下

降最多的地区是江西,其辩护支持率下降 47.36%。

二、各省级行政区八类重罪案件律师辩护支持率占比及排名

如图 5-25 所示,在全国 31 个省级行政区中,西藏地区的八大严重犯罪律师辩护支持率仍居第一,达到 89.47%,且远超第二名的上海。这是因为西藏地区的公开案件较少,数据存在一定偏差。上海市排名第二,达 75%。黑龙江省排名第三,达 71.12%。除上海外其他直辖市中,重庆的八大严重犯罪律师辩护支持率达 60.42%,北京的八大严重犯罪律师辩护支持率达 51.72%,天津的八大严重犯罪律师辩护支持率达 30%。整体上来看,与 2016 年相比,2017 年八大严重犯罪律师辩护支持率有一定的提高,但八大严重犯罪律师辩护支持率仍普遍较低,只有 11 个地区超过 50%。这主要是因为严重犯罪普遍性质恶劣,影响性大,更受到公检法机关的关注,因此辩护难度更大,辩护空间更小。八大严重犯罪律师辩护支持率最低的三个地区是河北、天津和江西,分别为 31.40%、20.00%、28.03%。整体上看,八大严重犯罪律师辩护支持率比全部案件的律师辩护支持率更低,可能的原因是严犯罪案件往往更引起法院和检察院的重视,其公诉意见更为合理,定罪量刑更加准确,律师发挥的空间更小。且这类案件中部分案情较为复杂,想要使辩护意见获得法院支持需要

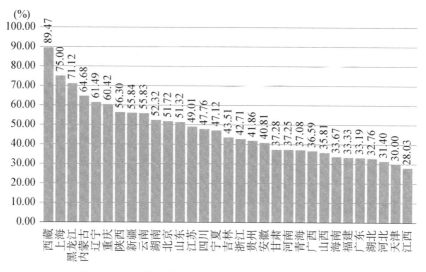

图 5-5-2　各省市区八类重罪案件律师辩护支持率

辩护人由较高的水准,但实施这些犯罪的被告人大多素质较低,经济条件较差,难以聘请高水准的律师参与辩护,指定辩护的比例较高,因此导致八大严重犯罪律师辩护支持率较低。

三、各省级行政区抢劫罪案件辩护人委托率占比及排名

如图5-5-3所示,2017年西藏地区的抢劫罪律师辩护支持率排名第一,高达100%。新疆地区的抢劫罪律师辩护支持率为66.67%,位列第二。这可能是因为这些地区律师参与率较低,律师辩护案件较少,且司法机关对案件的定罪量刑把握还有待提高,这就给了律师辩护的空间。四个直辖市中,北京排名第三,达64.71%;重庆排名第五,达61.54%;上海排名第六,达60.00%;而天津为0。除天津外,其他三个直辖市都处于较高水平,与当地经济发展水平和法治化水平相符。而造成天津抢劫罪律师辩护支持率为零的原因可能是裁判文书上网工作存在偏差,导致部分文书没有在网上公开。排名最低的三个地区为青海、甘肃和天津,其中甘肃和天津均为0,这可能与数据统计方法有关。在采集数据的过程中,判决书中只要有"采纳辩护人观点"的字样,就可以算作支持辩护人意见,所以数据可能存在一定的偏差。且案件数量较少,存在一定的偶然性,并不能必然代表该地区真实的法治发展水平。整体来看,与

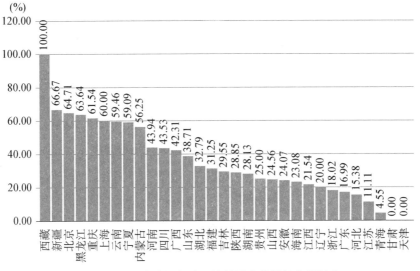

图5-5-3　各省级行政区抢劫罪案件辩护人委托率

2016 年相比,2017 年的抢劫罪律师辩护支持率变化幅度不大,相比八大严重犯罪的律师辩护支持率,抢劫罪的律师辩护支持率较低,这是可能因为实施抢劫行为的被告人普遍经济状况较差,可以支付的代理费用较少,且大多数抢劫案件社会关注度较低,辩护空间较小,因此这类案件的代理律师在辩护过程中往往较少,辩护效果不佳,不能被法官采纳。同时,抢劫案件中,除了转化型抢劫的认定和持枪抢劫、入户抢劫等量刑情节的认定,其他事实均较为简单,争议不大,检察院更容易做出准确的公诉意见,法院也较容易正确认定事实和适用法律,这也使得辩护人的建议更不易被采纳。

四、各省级行政区故意伤害罪案件辩护支持率占比及排名

如图 5-5-4 所示,2017 年西藏地区的故意伤害罪律师辩护支持率排名第一,高达 100%。辽宁省排名第二,达 77.03%。海南省排名第三,达 75%。四个直辖市中,重庆的故意伤害罪律师辩护支持率为 70.00%;天津的故意伤害罪律师辩护支持率为 40%;北京的故意伤害罪律师辩护支持率为 25.64%;上海的故意伤害罪律师辩护支持率为 0。整体来看,与 2016 年相比,2017 年的故意伤害罪律师辩护支持率相比 2016 年有所降低,有 12 个地区故意伤害罪律师辩护支持率超过 50%,比抢劫罪的数值更高,这可能是因为故意伤害罪案情更加复杂,证据繁多,辩护空间较大。故意伤害罪律师辩护支持率排名最

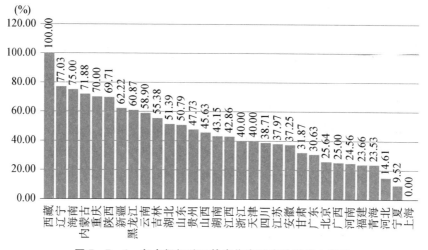

图 5-5-4 各省级行政区故意伤害罪案件辩护支持率

低的三个地区是河北、宁夏和上海,分别为 14.61%、9.52% 和 0。整体来看,故意伤害罪的辩护支持率较高,这是因为故意伤害罪的案情往往比较复杂,酌定情节与法定情节较多,辩护空间较大,需要控辩双方对抗来查明事实,且如果发生错判会对被告人的权益造成较大损害,故如前文所述,故意伤害案件辩护率普遍较高,法官也会更看重辩护人的意见,因此其辩解支持率整体较高。

五、各省级行政区盗窃罪案件辩护支持率占比及排名

如图 5-5-5 所示,2017 年西藏和天津的盗窃罪律师辩护支持率排名第一,均达 100%。在除天津以外的其他直辖市中,北京盗窃罪律师辩护支持率为 26.32%;重庆为 47.62%;上海为 23.08%,均处于较低水平。应当说明的是,判决书撰写不规范可能是导致统计误差的重要原因。我们统计支持辩护人的标准为判决书明示的"对于辩护人的意见予以采纳",另有部分判决书直接说明"对辩护人的上述意见不予采纳",此类均可判断。但还有一部分判决书对是否采纳辩护人的意见未予说明,因此难以统计采纳情况。另一重要原因是被告人的有效辩护在我国尚难以保证,在已有判决书中,律师极大多数就罪轻情节进行辩护,且绝大多数为自首、初犯、偶犯、认罪悔罪态度良好,而这些情节大部分时候公诉方也会考虑并提及,这就导致律师的作用难以发挥。那么,此类未采纳律师意见的案件是否存在无效辩护的情况值得思考,对实体

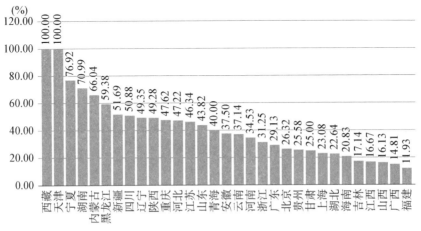

图 5-5-5 各省级行政区盗窃罪案件辩护支持率

的影响也需进一步考量。整体来看,与 2016 年相比,2017 年的盗窃罪律师辩护支持率有所上涨,但盗窃罪的律师辩护支持率相比其他犯罪仍处于较低水平,这可能是因为盗窃案件普遍情节较为简单,辩护空间小,酌定情节较少,辩护理由较为单一,因此较难获得法官的认可。

六、各省级行政区诈骗罪案件辩护支持率占比及排名

如图 5－5－6 所示,诈骗罪律师辩护支持率最高的地区为上海市,达100％,远超其他地区。排名第二的地区是云南省,达 61.54％。排名第三的为黑龙江省,达 60％。整体来看,2017 年诈骗罪律师辩护支持率普遍较低,仅有四个地区超过 50％,还有许多地区诈骗罪律师辩护支持率为 0。这种现象是不合理的,其原因一方面可能是裁判文书的网上公开工作存在纰漏,导致大量文书未上网,进而导致统计结果失实。另一方面,从数量上来看,诈骗罪的律师辩护意见支持数低可能是由于这一地区的电信诈骗案件数量本身较少,在样本较少的情况下统计的结果可能会存在偏差。结合前文统计的重庆、上海、海南、西藏、青海、天津六个地区电信诈骗案件数量均不足 10 件,且该罪律师参与率普遍较低,因此这些地区的电信诈骗案件辩护支持率低的结果可能存在偶然性。

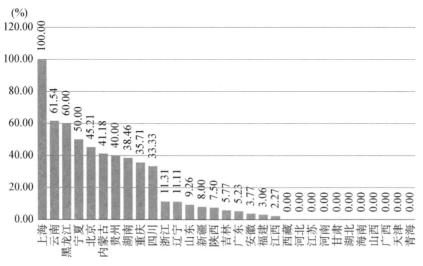

图5-5-6　省级行政区诈骗罪案件辩护支持率

七、各省级行政区交通肇事罪案件辩护支持率占比及排名

如图 5-5-7 所示,交通肇事罪律师辩护支持率最高的地区为天津市,达100%,远超其他地区。排名第二的地区是广西,达 66.67%。排名第三的为江苏省,达 64.44%。整体来看,交通肇事罪律师辩护支持率普遍较低,仅有五个地区超过 50%,还有许多地区诈骗罪律师辩护支持率为 0。整体来看,律师交通肇事罪的律师辩护支持率相较其他犯罪的律师辩护支持率处于较低水平。结合前文的统计结果,相比其他犯罪,交通肇事的委托辩护率较低,说明交通肇事的辩护没有得到重视。实践中,这类案件因为代理费低、被告人经济状况差、发生频繁、社会关注度低等原因,通常由经验较少的青年律师代理,其辩护意见往往不够成熟,也难以引起法官的重视。同时,交通肇事案件具有一定的特殊性,目前我国的监控系统日益完善,交通肇事案件的现场情况往往更容易被监控设备记录,案件事实较为清楚,责任归属更为明确,律师辩护的空间较小,因此其辩护意见更难以被采纳。

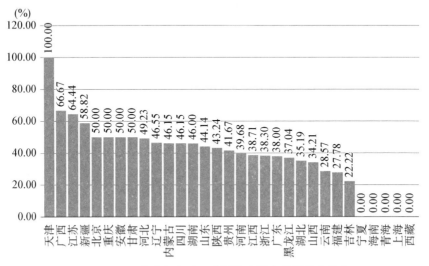

图 5-5-7　各省级行政区交通肇事罪案件辩护支持率

第六节　受贿罪的取保候审与缓刑适用指数

一、受贿罪取保候审率对平安的表征作用

受贿罪是指国家工作人员利用职务上的便利,索取他人财物,或者非法收受他人财物,为他人谋取利益的行为。受贿罪侵犯了国家工作人员职务行为的廉洁性及公私财物所有权,其最主要保护的法益是国家工作人员职务行为的不可收买性。实际上,对于受贿罪这一罪名,取保候审率不宜过高。原因在于两点:一是取保候审之后的翻供、串供风险增加。受贿罪的犯罪主体往往在某一国家公职部门身居要职,其智商、情商可能高出一般嫌疑人,取保候审之后逃跑、串供、翻供的几率也大大增加。重新查找证据反而更加浪费司法资源,也反映出取保候审中风险评估机制的不作为。二是取保候审的监管实际上流于形式。最高人民检察院法律政策研究室副主任宋英辉[①]曾揭示了取保候审制度在司法实践中的尴尬处境——"取保候审后对犯罪嫌疑人、被告人的监管基本上属于空白"。由于对取保候审这类措施的方式、程序规定不完善,目前这一措施处于疲软状态。主要原因包括:第一,这一适用条件由"可能判处有期徒刑"和"采取后不致发生社会危险性"两部分构成。一般来说,"可能判处有期徒刑"的判断较为容易:《关于办理贪污贿赂刑事案件适用法律若干问题的解释》对受贿罪的量刑标准、犯罪数额计算等作了详细说明,在受贿数额、情节等事实的基础上根据司法解释即可对是否判处有期徒刑以及刑期产生大致的了解。而对"采取取保候审不致发生社会危险性"一直都比较模糊,取保候审适用标准的整体统一性受到质疑,在刑事程序的内部,适用不同的证明标准,不仅在逻辑上存在矛盾的地方,还会损害刑事程序的正当性与权威性。

第二,取保候审率过高可以看出司法可能有几个方面的问题:(1)司法机关对"社会危险性"的证明标准重视程度不够。由于"社会危害性"的语义上有很大模糊性,其证明标准也很少得到重视。司法机关仅重视有犯罪事实的证

[①] 《逮捕率偏高　取保候审成"鸡肋"》,详见 https://lvshi. sogou. com/article/detail/7QXR8VL146QJ. html,访问于 2020 年 2 月 2 日。

据证明的犯罪事实,而缺乏对社会危险性标准考量的思考。实践中一般对社会危险性的衡量仅根据嫌疑人是否具有自首、坦白等悔罪表现及认罪态度判断,在调查决定书上也由"供认不讳"或者"交代不诚"类似的字样一笔带过,这种表述也说明司法机关并未对社会危险性的判断做具体论证,而较为随意地决定是否对犯罪嫌疑人适用强制措施。(2)对刑事强制措施的自由裁量权较大。由于标准的不明晰,反贪部门在侦查过程中可能出现仅凭主观判断决定是否适用取保候审,容易导致自侦权的滥用。具体来说,取保候审率与司法机关的自由裁量权力大小成反比。一方面若对"不致发生社会危险性"的标准设置较低,能适用取保候审的原因也随之增多,取保候审人数的增加也从侧面显示出司法机关的刑事侦查权内部约束较小;另一方面,较为严格、科学的标准判断能有效减少取保候审率,更能起到限制司法权力、预防犯罪的作用。(3)由于受贿主体身份的特殊性,犯罪嫌疑人往往职务地位高、影响力大,其人脉深厚、资源甚广,在之前的工作中可能与公检法部门有着千丝万缕的利害关系,如何保障司法机关的独立性不受到干扰、是否存在着给予犯罪嫌疑人优待而帮助其适用取保候审措施的不公正情形,我们不得而知。若取保候审比率过高,不仅助长了贪官的嚣张气焰,也会对社会影响造成消极作用。因此,我们认为取保候审率越低,越有利于社会效果和法律效果的统一。

二、受贿罪取保候审案件总数排名及分析

研究组总共提取受贿案件 2 577 例,详情见下图 5-6-1。统计分析,受贿罪适用取保候审的案例共 969 份,占比全部取保候审案件(10 197 件)的 9.5%,在所有罪名中受贿罪这一罪名的取保候审率较高。在我国目前高压反腐的态势下,虽然最高法院、最高检察院陆续出台了司法解释以及修正案对贪污受贿罪的入罪情节等进行更新,然而从目前的管控治理来看,从公安立案到法院判决、从程序规则到实体量刑,对于受贿罪的处理明显呈轻缓化,适用取保候审率较高。课题组选择受贿罪的取保候审率这一指标来管窥各地区法治发展状况,具有重要意义。

通过图 5-6-2 可得知,青海以 83% 的取保候审比率位居全国第一,其后云南、吉林、河北等地都占比 50% 以上,取保候审率最低的地区则为西藏、宁夏、江苏、广东等地区,数值在 30% 及以下。取保候审率与当地的司法公正程

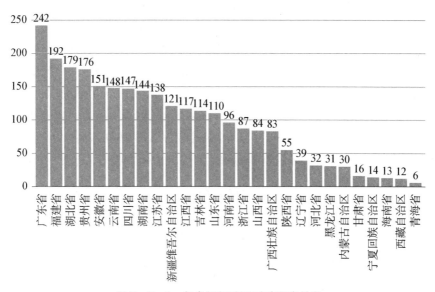

图5-6-1 各省级行政区受贿罪案件数

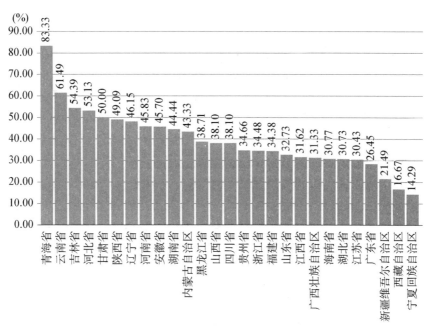

图5-6-2 各省级行政区受贿罪取保候审占比

度密切相关,值得一提的是江苏省,对比图5-6-1和图5-6-2可看出,江苏省受贿案例138例,位居全国第九,但是取保候审率较低,为30.43%,位居全国第五较少适用取保候审的省份,司法环境更为公正客观。江苏省司法机关可能更为重视取保候审适用的实质审查,司法环境优良,也有可能是由于当地经济发达,人均GDP较高,案件普遍贪污数额巨大,无法满足适用取保候审这一强制措施的条件。而青海处于我国西北地区,人才素质还有一定差距,可能对取保候审的适用标准重视程度不够,因此取保候审率也畸高。根据受贿罪的特殊性质能够推测,取保候审率高的地方也表明司法公信力较弱,司法生态环境有待改善。

三、判三年以下刑期的受贿案件适用取保候审率分析

根据《贪污贿赂解释》,受贿罪的量刑标准如表5-6-1。

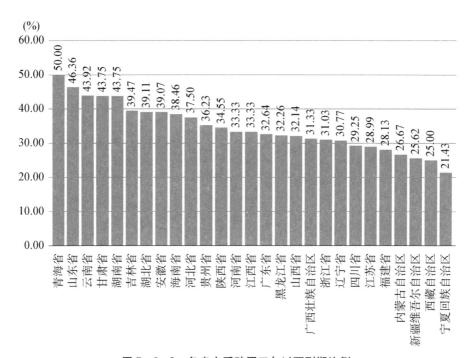

图5-6-3 各省市受贿罪三年以下刑期比例

表 5-6-1　　　　　　　　　　　受贿罪的量刑标准

法 定 刑			法定刑幅度
数额标准	情节标准		
3 万元以上,不满 20 万元	1 万元以上,不满 3 万元	①多次索贿;②为他人谋取不正当利益致使公共财产、国家和人民利益遭受损失的;③为他人谋取职务提拔;④其他特定情节	3 年以下有期徒刑或者拘役
20 万元以上,不满 300 万元	10 万元以上,不满 20 万元		3 年以上 10 年以下有期徒刑
300 万元以上	150 万元以上,不满 300 万元		10 年以上有期徒刑、无期徒刑或死刑

　　取保候审被界定为一种相较于拘留和逮捕等羁押措施,较为缓和的、限制人身自由的强制措施。它是指在刑事诉讼中,公、检、法等司法机关为防止犯罪嫌疑人(被告)逃避侦查、起诉和审判,责令其提出保证人或者交纳保证金,并出具保证书,保证随传随到,从而对其不予羁押的措施。在取保候审的四种适用条件中,其中三种理由都是因客观情况而引起的,受司法机关主观办案的影响较小;最具有模糊性且最为常见的适用理由就是"可能判处有期徒刑以上刑罚,但采取取保候审不致发生社会危险性"。这表明取保候审不仅与主观恶性的轻重有关,还需判断人身危险性大小和再犯可能性的大小。然而,对该条件适用标准的不同理解造成各地法院的取保候审率差异较大,该条件的适用频率也可侧面反映出该地司法公正程度。笔者认为,有期徒刑三年以下刑罚属于受贿罪中第一档也是最轻的法定刑,说明危害程度较小,其比率应该与取保候审率相吻合。地区判处刑罚三年以下的案例越多,适用取保候审的可能性也越大。

　　通过对三年以下刑罚占比数与取保候审率的比较,可以看出受贿罪刑事强制措施的公正情况。根据以上图 5-6-3 和表 5-6-1 宏观上看,总体各省级行政区在排名差距不大、相互呼应,说明司法公正情况较好。微观上看,山东省受贿罪三年以下刑期比重较高但取保候审率不高;不均衡比较突出的是河北省,其三年以下刑罚占比 37.5%,处于中等水平,可是取保候审率高达 53.1%,位居全国第四。其次,辽宁省三年以下最轻刑占比 30.7%,在全国倒数几名中,但取保候审率却居于前列,刑罚较重说明客观犯罪恶性程度较大,但适用取保候审较为宽松、比例趋高。值得一提的是,新疆受贿罪三年以下刑期占比达到 25.62%,取保候审率仅 26 例,取保候审率不到 2.7%,为其他省级行政区作了榜样。

四、受贿罪的缓刑适用率排名分析

缓刑适用率也是刑罚轻重的重要指标。由于职务犯罪与一般犯罪在涉案主体的社会地位、文化受教育程度、人身稳定程度等方面具有较大差异,按常理来说若没有较大社会危害性,可以适用缓刑。但基于我国严惩贪腐的形势政策指导下,2012年8月最高人民法院、最高人民检察院出台的《关于办理职务犯罪案件严格适用缓刑、免予刑事处罚若干问题的意见》中指出:"应严格掌握职务犯罪案件缓刑、免予刑事处罚的适用。职务犯罪案件的刑罚适用直接关系反腐败工作的实际效果,人民法院、人民检察院要深刻认识职务犯罪的严重社会危害性,正确贯彻宽严相济刑事政策,充分发挥刑罚的惩治和预防功能。"因此我们应该知道,当前的现实情况决定我国必须保证惩处的严厉性,面对贪贿案件,我国目前的惩处确定性和及时性都不够合理,降低司法公信力。要实现法治的平等、高效,首先必须实现个案公正。研究组一共收集到适用受贿罪缓刑案件154份,由于判决书提取数据出现了一定误差,部分省级行政区没有相关缓刑案件,详情见图5-6-4。

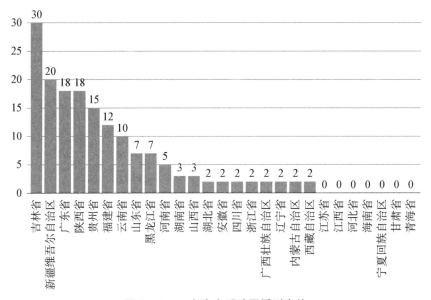

图5-6-4 各省市受贿罪缓刑案件

据不完全统计,吉林、新疆、广东和陕西受贿罪的缓刑适用案件分别为 30 件、20 件和 18 件,缓刑适用率分别高达 32.4％、26.32％和 22.58％,位居全国前列。而福建、贵州、云南等地的缓刑案件也数量较多,位居全国前十名。受贿罪缓刑适用率较低的地区包括湖南、山西、湖北、安徽、四川、浙江、广西、辽宁、内蒙古、西藏等地,这些地区缓刑案件数均为 2—3 件,适用缓刑占比低,说明司法环境更为优良,程序正义得到维护。而排在前位的吉林、新疆、广东、陕西等地,缓刑适用更为普遍,司法人员的思维还需进一步调整。尤其是吉林省,该地区共收录 114 例受贿罪案例,受贿罪数量位于全国第 12 名,但是取保候审数量却处于全国第一,可见该地区缓刑适用更为宽松,严格程序审查需要付出更多的努力。

缓刑的高发原因可能有二,一来说明法官容易被犯罪分子的动机蒙蔽,使得对犯罪分子的社会危害评估不当,缓刑认定宽泛;二是受贿人往往有复杂的关系网,此类案件"案中有案""案外有案",窝案串案频发,具有"牵一发而动全身"的特点。因此此类案件受贿人的地位高、权力大,其往往与法院也存在千丝万缕的联系和利益关系,司法机关可能面临权力干扰和人情侵袭,从而"从轻判处"的可能性也比较大,使犯罪人无法得到该有的惩罚。笔者认为,缓刑适用率过高并不符合我国目前对腐败零容忍的刑事政策以及缓刑的本质。严惩贪腐是众望所归,各省市区可以适当从严把控,对贪污受贿罪的缓刑应该有所保留。刑法中对缓刑的规定过于模糊,缓刑是指对已确认构成犯罪且应受处罚的行为人,先宣告定罪,对其刑罚暂不予执行的一种刑罚制度,它必须同时满足被判处拘役、三年以下有期徒刑且犯罪情节较轻有悔改表现,确实不致危害社会这两个条件。而职务犯罪起刑点低、范围宽,加之犯罪分子被起诉之后都因失去公职权力、失去党务职位等表现出懊恼悔过之情,法官就抓住这些"合法理由",以致一些主观恶性深、社会影响恶劣的职务犯罪人也得以适用缓刑。可以说,实践中已经没有哪类犯罪会比职务犯罪的缓刑适用率更高的了。

此外,有人认为由于缓刑有一部分适用条件与取保候审的适用条件相符,适用取保候审的受贿罪一定能判处缓刑,这是错误的。由相关性分析我们可看出,虽然缓刑和取保候审都只适用较轻刑罚的犯罪,这只能说采取了取保候审措施的受贿罪,判处缓刑的几率比没有采取取保候审措施的受贿罪几率更大一些,但这种几率是不能确定的。

第七节　犯罪管控治理指数的相关性分析

一、案件侦破速度的相关性分析

影响案件侦破速度的原因分为内因与外因,内因主要是侦查机关内部的人事、资金等资源配置、技术水平等,外因在于公正舆论、政策指导等社会因素对案件侦破速度的影响。我们认为案件侦破速度与经济发展水平、地理位置、人口密度等因素密切相关,因此选取了人均可支配收入、城镇人口比例等作为考量因素进行相关性分析。人均可支配收入对衡量地区经济发展具有重要意义,城镇人口比例则代表着地区工业化、城镇化程度,其作为支持经济发展的重要力量,一定程度上也反映了地区经济发展水平。

(一)人均可支配收入与案件侦破速度的相关系数

案件侦破速度与人均可支配收入的相关系数绝对值趋近于0,代表人均可支配收入并不如我们想象中对案件侦破速度具有较大的影响力,换言之,案件侦破速度与人均可支配收入之间不存在相关性。从逻辑上来说,一个地区的人均可支配收入越高,经济发展水平越高,治安重视程度更高,用于犯罪案件侦破的投入也会更多,案件侦破速度可能越快。就目前的结论来看,并不能得出这一推论。就所选取的数据来说,因变量(案件侦破速度)的变化并不完全受自变量(人均可支配数收入)的影响,还可能受到其他因素的影响。对此,需要综合分析各省级行政区的人均可支配收入与案件侦破速度数据,以作进一步的分析。

表5-7-1　　　　人均可支配收入与案件侦破速度相关性

	人均可支配收入(元)
案发到拘留时间	−0.339

表5-7-2　　各省级行政区案件侦破速度与经济发展排名对比

人均可支配收入名次	省份	案件侦破速度名次	差比(绝对值)
1	上海	1	0
18	吉林	19	1

续表

人均可支配收入名次	省份	案件侦破速度名次	差比(绝对值)
6	广东	5	1
23	山西	25	2
16	安徽	18	2
24	河南	21	3
11	重庆	8	3
2	北京	6	4
19	黑龙江	24	5
10	内蒙古	4	6
20	陕西	13	7
5	江苏	12	7
31	西藏	23	8
12	湖北	20	8
7	福建	15	8
22	宁夏	31	9
17	河北	28	11
15	江西	27	12
4	天津	16	12
13	湖南	26	13
9	山东	22	13
21	四川	7	14
3	浙江	17	14
29	贵州	14	15
26	广西	11	15
14	海南	30	16
27	青海	10	17
30	甘肃	9	21
8	辽宁	29	21
25	新疆	3	22
28	云南	2	26
差比平均数			10.19

差比是以人均可支配收入排名减去案件侦破速度排名所得数值。其中，绝对值较小代表案件侦破速度受人均可支配收入影响较大，绝对值较大代表案件侦破速度受人均可支配收入影响小。人均可支配收入，指居民可用于最终消费支出和储蓄的总和，即居民可用于自由支配的收入。按照收入的来源，

可支配收入包括工资性收入、经营净收入、财产净收入和转移净收入。人均可支配收入用来反映固定支出在收入中的比例,可以用统一标准监测城乡居民收入增长和差距变化,更加准确地反映不同群体居民对经济发展成果的分享情况。收入高的地方,基础消费在收入中占比不大,经济更为发达。课题组以差比为升序制作了上表,案件侦破速度排名为由长到短,人均可支配收入由高到低对应排列。由表5-7-2看出,除上海、吉林和广东之外,其他省级行政区的案件破案速度与人均可支配收入的关系不大,更有甚者如云南、新疆、甘肃等地,人均可支配收入位居全国下游,但案件侦破速度却名列前茅,为何出现如此实属不合理的现象,还需进一步考量分析。就全国总体来说,基本上案件侦破速度与人均可支配收入的名次均数相差10名左右,差距过大,可见二者之间相关关系微弱,基本上人均可支配收入对该地案件侦破速度无影响。

(二)城镇人口比例与案件侦破速度的相关性

工业化带动了城镇化的发展,是世界发展的主要趋势。城镇人口比例反映一个地区工业化、城镇化水平的高低。城镇化建设是经济社会发展的重要体现、重要内容和重要载体。近年来,随着经济社会的不断发展,城镇化进程也在不断加快。城镇化进程带来了许多有利的方面,如医疗、教育等公共服务进度加快,但同时也带来了负面的影响,特别是在综治建设和公共安全方面带来了较大压力。随着城市人口的增多,城市就业压力增加,很多人的就业得不到切实保障,社会治安与公共安全也会受到挑战。英国学者凯洛琳·莫泽有个观点:城市本身就内置了"冲突基因",因为它把大量利益可能具有冲突性的人口,集中在有限的区域内,因此城市贫富差距悬殊也是影响治安环境的重要因素。

表5-7-3　　　　　　　　地区案件侦破速度与城镇化相关性

	城镇人口比例(%)
案发到拘留时间	−0.195

区域城镇化水平与经济发展水平之间密切的相关关系表明,城镇化进程的推进要符合区域经济发展水平提高的需要,二者呈现对数正相关关系。在城市化进程中,城市的面积急剧扩张,城市人口的快速增加,使得城市周边地区的管理处于失控的状态,成了监管的盲区。其中,最为典型的便是城乡接合部,既是犯罪的高发地区又属于监管的盲区。也就是说,城市化过程中可能会

导致犯罪数量的短期增加，但是通过数据显示案件侦破速度与城镇人口比例的相关系数绝对值趋近于0，似乎看不到案件侦破速度与城镇人口比例之间存在相关关系，不排除个案的差异性，其实际问题还需要进一步考察研究。

表5-7-4　　　各省级行政区案件侦破速度与城镇化排名对比

省级行政区	城镇人口比例(%)	案件侦破名次	差比
上海	1	1	0
广东	4	5	1
重庆	9	8	1
吉林	18	19	1
北京	2	6	4
陕西	17	13	4
安徽	22	18	4
河南	25	21	4
内蒙古	10	4	6
湖南	20	26	6
江西	21	27	6
江苏	5	12	7
福建	8	15	7
湖北	13	20	7
西藏	31	23	8
山西	16	25	9
河北	19	28	9
浙江	6	17	11
山东	11	22	11
黑龙江	12	24	12
天津	3	16	13
青海	23	10	13
海南	14	30	16
宁夏	15	31	16
广西	27	11	16
贵州	30	14	16
四川	24	7	17
甘肃	29	9	20
辽宁	7	29	22
新疆	26	3	23
云南	28	2	26
平均数			10.19

相较于前一年,本年度研究的各省级行政区排名无较大差异,得出的结论基本与之前相持平,本次研究将城镇人口比例排名与案件侦破速度排名进行比对,各省级行政区经济发展参差不一,案件侦破速度与城镇人口比例的名次平均相差 10 名左右,差距过大,人均可支配收入、城镇人口比例与案件侦破速度之间相关关系微弱的结论似乎得到了验证。这主要在于影响因素的多样化与数据选取的不可控因素,导致无法有效地控制变量,也无法做出更为客观的比较。但我们不可否认经济因素对于案件侦破速度的提升具有重要作用。一个地区经济越发达,便越需要稳定的社会环境与社会结构服务于经济发展,因此经济发达地区更加注重社会环境、金融环境的治理,会投入更多司法资源治理犯罪。

(三) 其他经济社会指标与案件侦破速度的相关性

然而,本研究将所有案件的侦破速度均值与人口数、国民生产总值、人均GDP、城镇人口比例、抚养比、人均可支配收入、义务教育比、高等教育、城镇失业率等衡量宏观经济运行的重要指标进行比较,发现案件侦破速度与所有的上述经济指标均无相关关系。

表 5-7-5			案件侦破速度与经济指标相关性						
	人口数 (万人)	GDP (亿元)	人均 GDP (元)	城镇人 口比例 (%)	抚养 比(%)	人均可 支配收 入(元)	义务 教育 比(%)	高等 教育 (%)	城镇 失业 率(%)
案发到 强制措 施时间	−0.008	−0.130	−0.322	−0.195	0.098	−0.339	0.043	−0.299	0.195

具体来说:(1)人均 GDP 的发展并不能带来侦破速度明显的改变,同时由于人均 GDP 是衡量一地区或国家的经济发展水平的重要指标,可得知经济发展水平的提高并不必然导致侦破速度的提高。(2)而总人口数量与 GDP 总额亦即一个地区的人口规模和经济规模也与案件侦破速度没太大关系。(3)城镇人口比例与城镇失业率反映出一个地区的利益冲突与潜在危机,而图表中反映出利益冲突对全国总体的治安效率情况来说不明显。(4)研究认为,与刑事侦查效率有强相关关系的应该是刑事立案数,它们之间呈负相关关系,刑事立案数越多,刑事破案效率反而会下降;另一方面,刑事破案效率低,该地区犯

罪分子更加猖獗,案件发生频率会更高,刑事立案数也随之增多。

由此可见,一个地方的侦查效率高低与该地经济发展无绝对相关的关系,可能体现在其他方面,如社会治理、政策效应等。根据经济基础决定上层建筑的哲学理论,地方经济发展诚然对地方的司法治安、各职能部门的工作效率等等有一定影响,但目前就表5-7-5来看关系并不大,还待进一步深层次分析影响因素。

一般认为,影响侦查速度的因素包括两种,分别为外因和内因。外因包括制度性因素和社会心理因素。制度性因素(经济地位差异、教育水平差异、社区文化活动开展等)对侦破速度的影响是明显的。但通过研究组的相关性分析认为,社会心理因素对侦破速度的影响明显大于制度性因素的影响。教育水平差异、收入差距可能是通过影响心理指标而影响社会治安指标。而侦破速度的高低,直接影响群众平安指数的高低。

内因即侦查体制内部的原因。现行侦查体制存在结构不合理、警政分工不清、社会治安资源配置不当、经费保障不足、部门配合不紧密、条块关系尚未理顺和警力配置不当等问题,导致侦破速度整体缓慢。具体来说,一方面,在一般盗窃、扒窃、诈骗、抢夺等与群众财产利益密切相关的警情高发的领域,公安机关会面临强大的压力,因为破案时间过长、效率过低,容易引发群众不满。另一方面,公安机关会选择性破案,对大案要案、督办案件投入大量人力、物力,而对大量小型案件,以及已立未破、社会影响不大、案值小等案件,未能安排力量予以侦查。各地综合治理的政绩考核,延续了长期以来片面追求破案质量、忽视破案延续时间的做法,间接损害了人民群众的利益,呈现出总体破案效率不高的后果。

二、二审改判率的相关性分析

(一)各省级行政区人均GDP与二审改判率的相关性

如表5-7-6所示,人均GDP与二审改判率的相关系数为-0.087,不具有相关性,换言之,二审改判率的高低与一个地区的发达程度没有必然的联系。这与课题组前文中所统计的各省级行政区二审改判率的结果相一致。一些GDP排名不高的地区,如宁夏、海南、吉林等地,其二审改判率反而排在末尾,处于较低水平。反之,一些GDP排名较高的地区,如四川、山东等地,其二审改判率反而较高,可见其一审裁判质量有待提高。

表 5-7-6　　　各省级行政区人均 GDP 与二审改判率的相关性

	GDP(亿元)
二审改判率	－0.087

(二) 各省级行政区人均可支配收入与二审改判率的相关性

如表 5-7-7 所示,二审改判率与人均可支配收入呈负相关性,相关度为中等程度相关。换言之,人均可支配收入越高,二审改判率越低。人均可支配收入是指某一地区居民可用于自由支配的收入,被认为是消费开支的重要影响因素,常被用来衡量当地居民的生活水平。从表 5-7-7 中可以看出,居民生活水平越高的地区,二审改判率越低。其原因可能在于居民生活水平越高,当地相应的经济发展水平较好,法治环境较为优越,法律从业者业务水平更高,因此能够作出更为准确的判决。

表 5-7-7　　各省级行政区人均可支配收入与二审改判率的相关性

	人均可支配收入(元))
二审改判率	－.561**

(三) 各省级行政区高等教育率与二审改判率的相关性

高等教育率是一个地区整体公民素质的体现。一般认为,公民的受教育程度越高,其权利意识和法治意识可能更强,也就导致了其权利受到损害时会积极通过一审程序维护自己的权利,这也对一审的审判质量提出了更严峻的考验,使得一审更容易查明事实,并正确适用法律作出准确判决。如表 5-7-8 所示,二审改判率与高等教育率呈负相关性,相关度为中等程度相关。换言之,高等教育率收入越高,二审改判率越低,与一般认知相一致。

表 5-7-8　　　各省级行政区高等教育率与二审改判率的相关性

	高等教育(%)
二审改判率	－0.587**

（四）各省级行政区二审辩护人委托率与二审改判率的相关性

如表5-7-9所示,二审改判率与二审辩护人委托率不具有相关性。一般认为,委托辩护人应当能够增加二审改判的可能性,而这一统计结果与一般认识相违背。但实际上,二审程序的目的是对一审判决结果的纠偏,旨在纠正一审过程中的事实认定和法律适用错误,或依据新情况新理由对判决结果进行调整。而是否委托辩护人只是在查明事实真相、正确适用法律的过程中起帮助作用,并不会直接影响二审是否改判。

表5-7-9　各省级行政区二审辩护人委托率与二审改判率的相关性

	二审辩护人委托率(%)
二审改判率	0.158

三、律师参与率的相关性分析

辩护律师参与刑事诉讼的途径主要有两种：委托辩护和指定辩护。指定辩护适用的必要情形规定在刑事诉讼法中,受外部因素影响较小;委托辩护是被告人或其近亲属的自愿选择辩护律师为被告人辩护。换言之,委托辩护较易受到外部因素的影响,例如：被告人的经济状况、被告人的受教育水平、所在城市的司法氛围等。课题组选取了人均可支配收入、人均GDP、每百万人口拥有的律师数量以及每百万人口拥有的律师数量指标进行律师参与率的相关性分析。

（一）各省级行政区人均可支配收入与律师参与率的相关性

一般认为,一个地区的居民生活水平越高,经济发展越好,越倾向于聘请律师维护自身权益。但经过统计,如表5-7-10所示,人均可支配收入与律师参与率没有相关性,这与一般的认识有一定出入。为了进一步探讨律师参与率与人均可支配收入的关系,本研究进一步分析委托辩护与指定辩护这两种律师参与形式与人均可支配收入的关系。

表 5-7-10　　各省级行政区人均可支配收入与律师参与率的相关性

	人均可支配收入
律师参与率	0.283

如表 5-7-11 所示，某一地区的委托辩护率与人均可支配收入呈正相关，换言之，人均可支配收入越高，被告人委托辩护律师的可能性越高。同时，指定辩护率与人均可支配收入呈负相关，换言之，人均可支配收入越高，被告人需要指定辩护的可能性越低。这与一般认识相一致，经济较为发达的地区人均可支配收入更高，公民的法律认知水平更高，维权意识更强，也更有经济实力去聘请律师参与诉讼以维护自身的合法权利。同时，他们更倾向于通过自主选择聘请自己信任的律师而非等待国家机关为其指定律师参与诉讼。

表 5-7-11　　各省级行政区人均可支配收入与委托辩护及指定辩护的相关性

	人均可支配收入
委托辩护率	0.413*
指定辩护率	−0.510**

（二）各省级行政区受教育程度与律师参与率的相关性

如表 5-7-12 所示，律师参与率与义务教育比以及高等教育率不具有相关性，换言之，整体来看，某一地区公民的受教育程度与其是否委托律师并不相关。委托辩护率也与义务教育比和高等教育率不具有相关性。但指定辩护率与义务教育比具有负相关性，与高等教育比也具有负相关性。可以说，某一地区的义务教育比越高，指定辩护率越低；高等教育率越高，指定辩护率越低。义务教育比反映了某一地区公民的基础教育水平，这样的教育背景可以赋予公民基本的权利观念，使得其能够有意识委托律师为自己争取合法权益而不需要指定辩护。同理，高等教育率反映某一地区高等教育普及率，高等教育对公民法律意识的培养有着积极作用，这样的教育背景使得公民更能认识到聘请律师的重要性，进而减少指定辩护的需要。

表 5-7-12　各省级行政区受教育程度与律师参与率的相关性

	义务教育比（％）	高等教育（％）
律师参与率	0.238	−0.031
委托辩护率	0.118	0.13
指定辩护率	−0.561**	−0.428*

如表 5-7-13 所示，一审委托辩护率以及二审委托辩护率与某一地区的公民受教育活动没有相关性。但一审指定辩护率与义务教育比呈负相关，与高等教育率也呈负相关。可见，受教育程度普遍较低的地区更需要指定辩护。

表 5-7-13　各省级行政区受教育程度与不同审级辩护率的相关性　　　单位：%

	义务教育比	高等教育
一审委托辩护率	0.378	0.169
一审指定辩护率	−.459*	−.558**
二审委托辩护率	−0.377	−0.108
二审指定辩护率	−0.072	−0.252

（三）各省级行政区人均 GDP 与律师参与率的相关性

GDP 反映了某一地区的经济发展水平，经济发展水平的提升往往伴随着公民法治意识和维权意识的进步，这也使得公民更倾向于在诉讼过程中依托律师保障自身权利。如表 5-7-14 所示，委托辩护率与人均 GDP 呈正相关，说明经济越发达公民越乐于自主聘请律师参与诉讼。同时，指定辩护率与人均 GDP 呈负相关，也就是说经济越发达的地区，对指定辩护的需求越低。

表 5-7-14　　各省市人均 GDP 与律师参与率的相关性

	人均 GDP
委托辩护率	0.391*
指定辩护率	−0.513**

表 5-7-15　各省级行政区人均 GDP 与各审级辩护率的相关性

	人均 GDP
一审委托辩护率	0.306
一审指定辩护率	−0.561[**]
二审委托辩护率	0.323
二审指定辩护率	−0.353

如表 5-7-15 所示,不同审级的委托辩护率与人均 GDP 没有相关性。但一审指定辩护率与人均 GDP 呈负相关,即人均 GDP 越高,一审指定辩护率越低。可能的原因在于,一审程序作为查明案件事实的关键程序,被告人往往会在这一阶段竭尽所能争取自己的利益,因此在经济条件允许的情况下会自行聘请律师,因此指定辩护的需求降低。

(四)各省级行政区每百万人口拥有的律师数量与律师参与率的相关性

如表 5-7-16 所示,判决百万人口拥有的律师数量与律师参与率存在相关性。换言之,某一地区的律师数会影响某一地区被告人是否聘请律师参与诉讼。一般认为,百万人口拥有的律师数量多的地区,法治水平更为发达,公民维权意识更高,更乐于聘请律师。同时,因为律师资源更加充足,公民也有更多的机会委托律师参与辩护。

表 5-7-16　各省级行政区每百万人口拥有的律师数量与律师参与率的相关性

	律师参与率
每百万人口拥有的律师数量	−0.016

四、律师辩护支持率的相关性分析

(一)各省级行政区高等教育率与律师辩护支持率的相关性

义务教育比和高等教育率都可以反映出某一地区的整体文化程度。如表 5-7-17 所示,律师辩护意见支持率与某一地区的文化程度不具有相关性,该地区的公民受教育程度的高低并不能影响法官是否采纳律师意见,这一结果与一般认知存在偏差。

表5‐7‐17　各省级行政区高等教育率与律师辩护支持率的相关性

	义务教育比	高等教育率
律师辩护意见支持率	−0.274	0.098

（二）各省级行政区人均 GDP 与律师辩护支持率的相关性

如表5‐7‐18所示，律师辩护意见支持率与人均 GDP 不具有相关性。一般认为，人均 GDP 更高的地区经济水平更好，其律师的整体素质更高，辩护意见更易被法官采纳。但经课题组统计，此二者并无相关性，该结论值得深思。

表5‐7‐18　各省级行政区人均 GDP 与律师辩护支持率的相关性

	人均 GDP
律师辩护意见支持率	−0.085

（三）各省市区每百万人口拥有的律师数量与律师辩护支持率的相关性

如表5‐7‐19所示，判决每百万人口拥有的律师数量与律师辩护支持率不存在相关性，换言之，某一地区的律师数并不能影响某一地区律师的辩护意见被法院采纳的可能性。这与一般认识相符合，律师数量并不能反映某一地区律师的水平，虽然近年来我国的百万人口拥有的律师数量呈增长趋势，但目前我国大多数地区的律师行业还有待发展，律师的执业水平还有待提升。

表5‐7‐19　各省级行政区每百万人口拥有的律师数量与律师辩护支持率的相关性

	律师辩护支持率
每百万人口拥有的律师数量	0.232

五、受贿罪取保候审率相关性分析

（一）受贿罪取保候审与其刑罚的相关性分析

从受贿罪取保候审的微观分析来看，取保候审的适用与之后判处的刑期

长度密切相关。与判处三年以下刑期呈现出中等程度的正相关，系数值达到
0.7。刑期在三年至十年之间与取保候审率是中等程度的负相关关系，即取保
候审的适用可能性随着三年以上十年以下刑期中刑期的增长而减小，与刑期
十年以上呈现出程度极弱的负相关，可忽略不计。综上所述，若所判刑期越
长，相关性由正到负再到不相关，取保候审的适用可能性越低。这也吻合取保
候审的适用条件。根据法律规定，取保候审仅在哺乳、怀孕，患有严重疾病，可
能判处管制、拘役或独立适用附加刑，可能判处有期徒刑以上刑罚、采取取保
候审不致发生社会危险性的情况下，才可适用。判刑情况可以清晰地描述所
犯罪行的主观恶性程度以及危害性程度，判处三年以下的轻刑也正好能够印
证取保候审适用的正确性。

表 5-7-20　　　　　受贿罪取保候审与其刑罚的相关性分析　　　　　单位：%

	受贿罪刑期三年及以下占比	受贿罪刑期三年以上十年以下占比	受贿罪刑期十年以上占比	受贿罪有辩护人占比	受贿罪缓刑占比
受贿罪取保候审占比	0.700**	−0.666**	−0.212	0.259	0.012

表 5-7-21　　　　　受贿罪取保候审率与经济指标相关性分析

	人均GDP(元)	城镇人口比例(%)	人均可支配收入(元)	义务教育比(%)	高等教育(%)
受贿罪取保候审占比	−0.506**	−0.420*	−0.436*	−0.253	−0.406*

　　从受贿罪的取保候审适用地域来看，我们发现：取保候审的适用与经济
发展、受教育程度具有中等程度的负相关关系。受贿罪取保候审比例与人均
GDP 的相关性为−0.506，与城镇人口比例的相关性为−0.42，与人均可支配
收入的相关性为−0.436，与义务教育比例的相关性为−0.253，与高等教育的
相关性为−0.406，这些相关值的绝对值大部分都在 0.3—0.5 之间，属于低度
相关。而地方的人均 GDP 与受贿罪取保候审率的相关值绝对值超过 0.5，我
们认为地方经济发达程度与受贿罪取保候审率呈现一定的相关关系。由表
5-7-21 可知，人均 GDP、可支配收入代表的地区经济水平越高，取保候审比
例越低；城镇化比重越高，取保候审比例越低；地区受高等教育程度越高，取保

候审比例越低。也即经济发达、城市发展迅速、人口素质较高的地区，对受贿罪的取保候审适用要求相对严格，取保候审比例更低。这也可以推测相对于经济欠发达地区，经济发达地区教育普及程度更高，大多数按规章办事，受贿罪的取保候审比重较低，司法生态环境更为公正。地方性的法律又源自于经济社会文化的地方性，区域发展催生区域法治。经济发达地区开放性、包容性程度更高，基于交易确定的契约习惯和基于可持续发展的理性精神，更会有防止权力滥用并干涉经济交往的权力制约的要求。

（二）判决主刑刑期与取保候审的相关性

我国"宽严相济"的刑事司法政策的核心是"区别对待"，即应当综合考虑犯罪的社会危害性（包括犯罪侵害的客体、情节、手段、后果等）、犯罪人的主观恶性（包括犯罪时的主观方面、犯罪后的态度、平时表现等）以及案件的社会影响，根据不同时期、不同地区犯罪与社会治安的形势，具体情况具体分析，依法予以从宽或者从严处理。从宽从严处理主要就是体现在量刑上。据研究表明[1]，实践中存在大量定罪免刑的判决，大部分免刑案件的犯罪数额在 5 万元以下；一般受贿数额 10 万元以下的案件大部分判处拘役。课题组选取了达到入罪数额且被判处有期徒刑以上的刑罚的案件，希望通过受贿罪的刑期判处发现其与经济社会发展的关联程度。由表 5 - 7 - 22 能够看出，受贿罪的量刑与该地区的经济社会发展情况也有相关关系。具体来说，第一档与第三档法定刑均与社会发展有一定的关联性，中档法定刑刑期与该地区社会发展相关关系较弱，这说明重刑轻刑的关联性表现更为明显。判处三年以下刑期（第一档量刑）与经济发展程度成负相关，判处十年以上有期徒刑的刑期与地方经济发展水平呈正相关。也即地区经济发展好、城镇化水平越高、受教育程度越普及，该地对于受贿罪判处三年以下有期徒刑的比例越低，判处十年以上有期徒刑的比例越高。由于经济基础决定上层建筑，地区经济发展水平、人口整体素质、城镇化程度往往是密不可分的，经济迅速发展的地区其人口教育水平、人均收入往往也位居前列。因此我们可以认为，在发达地区对受贿罪容忍程度更有限，刑罚普遍偏重；而经济相对落后的地区，受贿罪刑罚偏轻。究其原因，笔者认为，经济发达地区往往是我国最前沿的一线城市，经济发展迅速造成官员膨胀，受贿金额巨大，判处刑罚也随之增高；加之经济发达地区人才济济，审

---

[1] 叶小琴、周友廷：《受贿罪量刑情节司法适用效益的定量分析》，《江西警察学院学报》2019 年第 3 期。

判人员整体素质较高,判案更为严谨,符合目前政治政策需要。相对落后地区市场经济欠发达,受贿金额可能不及发达地区;加之社会整体法治意识不强,权利意识更为薄弱,对受贿罪从轻判刑的几率也有可能增加。因此,在相对落后地区对受贿罪从轻处罚(适用第一档法定刑)的比重较高,从重处罚(适用第三档法定刑)的比重较低。

表 5-7-22　　　　　　　　　受贿罪量刑与经济指标相关性

	人均GDP(元)	城镇人口比例(%)	人均可支配收入(元)	义务教育比(%)	高等教育(%)
受贿罪刑期三年及以下占比	−0.689**	−0.630**	−0.658**	−0.439*	−0.698**
受贿罪刑期三年以上十年以下占比	0.2	0.101	−0.003	0.038	0.12
受贿罪刑期十年以上占比	0.518**	0.558**	0.700**	0.458**	0.580**

图书在版编目(CIP)数据

平安中国的司法指数研究. 2019 / 涂龙科等著 . —
上海 ： 上海社会科学院出版社，2020
ISBN 978 - 7 - 5520 - 3173 - 7

Ⅰ.①平…　Ⅱ.①涂…　Ⅲ.①社会主义法制—建设—
研究报告—中国—2019　Ⅳ.①D920.0

中国版本图书馆 CIP 数据核字(2020)第 107976 号

平安中国的司法指数研究(2019)

著　　者：涂龙科　尹　琳　陈海锋　等
责任编辑：袁钰超
封面设计：黄婧昉
出版发行：上海社会科学院出版社
　　　　　上海顺昌路 622 号　邮编200025
　　　　　电话总机 021 - 63315947　销售热线 021 - 53063735
　　　　　http：//www. sassp. cn　E-mail：sassp@sassp. cn
照　　排：南京前锦排版服务有限公司
印　　刷：上海龙腾印务有限公司
开　　本：710 毫米×1010 毫米　1/16
印　　张：13
插　　页：1
字　　数：220 千字
版　　次：2020 年 7 月第 1 版　2020 年 7 月第 1 次印刷

ISBN 978 - 7 - 5520 - 3173 - 7/D・582　　定价：66.00 元